Explorando los LUGARES CELESTIALES

La Revelación de los Hijos de Dios

VOLUMEN II

PAUL L. COX
ROB GROSS

EXPLORANDO LOS LUGARES CELESTIALES
La Revelación de los Hijos de Dios
Volumen II
Paul L. Cox y Rob Gross

Publicaciones Aslan's
9315 Sagebrush
Apple Valley, CA 92308
760-810-0990

www.aslansplace.com

Las definiciones griegas se derivan de la Concordancia Strong en griego.

Las definiciones hebreas se derivan de la Concordancia Strong en hebreo.

ISBN # 979-8-6319-9323-5
Impreso en los Estados Unidos de América

TABLA DE CONTENIDOS

INTRODUCCIÓN

Explorando los Lugares Celestiales, Volumen 2 es un esfuerzo colaborativo del Dr. Paul L. Cox y Rob Gross, que ahonda en la revelación que han recibido y la investigación que han hecho con respecto a la verdadera identidad de estas antiguas entidades como Moloc y Baal, los hijos caídos de Dios, Lucifer, Satanás, Nefhilim y Rephaim y los hijos revelados de Dios.

En general, las contribuciones de Paul tratan mayormente con la revelación, dándonos una clara imagen de como Dios comenzó y continúa mostrándonos acerca de estas cuestiones. Él además comparte ejemplos de la vida real, de cómo las vidas de las personas hoy son todavía afectadas por los eventos de la historia Bíblica.

La contribución de Rob es un estudio sistemático que comienza con Génesis y abarca las escrituras a lo largo de la Biblia, para proporcionar una imagen histórica precisa, que ilustre las ramificaciones espirituales duraderas que han resonado a lo largo de los años.

También se incluyen tres oraciones generacionales que fueron desarrolladas en los grupos, para tratar con las caídas de los pecados de nuestros ancestros en nuestras vidas y un apéndice que ofrece muchas de las palabras proféticas exactas que se han recibido.

Esperamos sinceramente que *Explorando Los Lugares Celestiales, Volumen 2* sea tan excitante para usted como lo es para nosotros, y oramos que el Señor le conceda gran sabiduría y entendimiento a cada lector.

1

CAPÍTULO UNO

El Sueño

Era otro sueño más, o al menos eso pensaba. En medio de mi primer viaje ministerial a Hong Kong en Agosto del 2011, me desperté abruptamente, recordando un sueño vívido de un hombre persiguiéndome a través de los pasillos de un supermercado. Él me dijo, "yo soy senador y tengo derecho a perseguirte a causa de Hechos 7." De repente la escena cambió y yo me arrastraba a través de una valla de tela metálica, y luego me encontré montado en una bicicleta. Debí de haber sido muy bueno porque manejaba la bicicleta sin manos, sosteniendo mi teléfono celular y viendo la película La Guerra de las Galaxias en él, todo al mismo tiempo. Me frustré un poco mientras intentaba borrar la película de mi teléfono y no podía. Me volví hacia mi derecha y le dije a un hombre que caminaba a mi lado, "Quiero borrar La Guerra de las Galaxias de mi teléfono." ¡Su respuesta no me ayudó para nada!, "No es posible", me respondió.

Mientras yacía en la cama preguntándome por el sueño, lo primero que pensé fue que no hay nada sobre estrellas en Hechos 7, pero tomé una Biblia y le di una mirada de todas maneras. El decir que estaba impresionado sería minimizar el impacto que esos versos tuvieron en mí. El sueño se sintió como la experiencia que los primeros exploradores debieron de haber tenido, cuando llegaron a lo más alto y descubrieron una nueva tierra. Sin embargo, incluso con la emoción de mi descubrimiento inicial, el panorama ocasionalmente se desvaneció y se convirtió en el asentamiento y la toma de una tierra espiritual- una tierra que ha demostrado ser la ubicación de muchos tesoros enterrados. Estos tesoros extraídos han sido refinados por el Espíritu Santo para producir obras maravillosas de Dios; y ahora parece que las sorpresas no tienen fin.

Juntos vamos a inspeccionar la tierra, y no se sorprenda si el Señor trae niveles más profundos de sanidad espiritual y física para usted. No se sorprenda si encuentra más fácil la evangelización; no se sorprenda si un tiempo de estar desconectado con el Señor comienza a desvanecerse a medida que se entrega a una intimidad con Dios tal, como nunca lo ha soñado posible.

Nuestro viaje comenzó con un pasaje familiar en Hechos 7. Habiendo predicado sobre el libro de Hechos, yo conocía bien el material; así que ¿cómo se me podría haber escapado lo que realmente estaba escrito allí? Tuve que admitir que había malentendido el mensaje totalmente.

Hechos 7 es el sermón de Esteban; dado a los judíos que dudaban de la resurrección de Jesús. Es tal vez el mejor resumen bíblico del Antiguo Testamento. Revisando el capítulo y tratando de encontrar alguna mención sobre las estrellas, mis ojos se fijaron en el versículo 43:

> *No, llevabas a tus dioses paganos, el santuario de Moloc, la estrella de tu dios Refán[1] y las imágenes que hiciste a fin de rendirles culto. Por lo tanto, te mandaré al destierro, tan lejos como Babilonia.*

¡Allí estaba! Las estrellas en realidad son mencionadas en Hechos 7, pero tenía que cavar más profundo. Esteban estaba citando la traducción de la Septuaginta en Amós 5:26:

No, servías a tus dioses paganos —Sacut, tu dios rey y Quiún[2], tu dios estrella—, las imágenes que hiciste para ti mismo.

Refán es el dios asirio de Saturno, o tal vez se refiere al dios egipcio Saturno Repa; Sacut es una referencia a la estrella babilónica con referencia al dios Saturno[3]; y Quiún también está ligado a Saturno[4], por lo que el énfasis aquí parece estar en la adoración a las estrellas. El Cuaderno de Trabajo Teológico del Antiguo Testamento hace esta observación:

> Está claro en los mitos mesopotámicos que las estrellas representaban el panteón de los dioses [el signo cuneiforme para Ishtar, la reina del cielo (Jer 7:18, etc.) era una estrella]. Por lo tanto, el convertirse en vasallo de Asiria y más tarde, de Babilonia, significaba servir al 'ejército de los cielos' como dioses. Esto se ve claramente en los registros de Manasés (2 Reyes 21:3, 5) que adoraban a estas deidades como parte de su subordinación, y Josías quien los repudió, como parte de su rebeldía contra tal subordinación (2 Reyes 23: 4-5).[5]

Se hace evidente en estos dos pasajes que Moloc y Saturno están estrechamente vinculados entre sí.

Alrededor de una semana después del sueño de la Guerra de las Galaxias, tuve otro sueño. En éste estaba viendo la Guerra de las Galaxias en mi Tablet Samsung Galaxy y una vez más tratando de borrar la película. Sin embargo, parecía que el Señor me estaba hablando, "¡No evites el concepto de la Guerra de las Galaxias!" La palabra 'galaxia' parecía reforzar el concepto de las estrellas, pero pasaron muchos meses antes de que pensara, "¿Qué significa Samsung?" Una vez más me quedé impactado, una búsqueda en Internet de Samsung reveló que esta palabra coreana significa, "tres estrellas", con el 'tres' representando algo 'grande, numeroso y poderoso'; y 'estrellas' significando la eternidad.[6] Pero aparentemente, el Señor no había terminado enfatizando que tenía que prestar atención a lo que está sucediendo con las estrellas porque tuve otro sueño. En éste, mi hijo, Brian, me estaba llevando en el carro al Planetario Parque Griffith de Los Ángeles, pero yo estaba muy molesto porque no quería ir y estaba tratando de salir del auto.

Durante mis años de pastoreo yo había oído hablar de Moloch.[7] También estaba familiarizado con el ídolo de oro que los hijos de Israel formaron bajo la dirección de Aarón, pero no me había dado cuenta de que el dios que adoraban era Moloch.[8] El nombre Moloch significa rey[9] y este dios amonita se adoraba por medio del sacrificio de niños.

> Su imagen era una figura de bronce hueca, con la cabeza de un buey, y brazos humanos extendidos. Se calentaba al rojo vivo con un fuego interior, y se ponía a los niños en sus brazos para ser quemados lentamente, para evitar que los padres escucharan los gritos agonizantes, los sacerdotes que sacrificaban tocaban los tambores.[10]

Meditando en toda esta información, tuve una especie de reacción en cadena de pensamientos y me di cuenta que nunca había entendido lo que realmente pasó mientras que Moisés estuvo en el Monte Sinaí, recibiendo la ley del Señor. Mientras que Aarón, como el Sumo Sacerdote del Dios Viviente, estaba a los pies de la montaña, entrando en un pacto impío de sangre con el enemigo; Yahweh estaba entrando en un pacto eterno con Israel en la cima de la montaña. Esta no fue una mera ocasión de inclinarse ante otro dios. El pueblo de Dios estaba ofreciendo sus propios hijos como sacrificios de sangre a un dios pagano,[11] sellando así un pacto que declaraba que Moloc era su rey y no Dios el Señor. La respuesta de Dios como resultado fue: "Voy a llevarte más allá de Babilonia.[12] Antes de que los Hijos de Israel entraran incluso en la Tierra Prometida, ellos ya habían sido predestinados a ser llevados al exilio.

El significado de estos conocimientos aún no había sido entendido, y los rastros iban a llevarnos a un territorio aún más inesperado. Una investigación de Moloc reveló muchas escrituras que hablaban de la abominación de la adoración a este dios. Mi investigación me llevó a Jeremías 32: 34-35:

Levantaron sus ídolos abominables justo en mi propio templo, y así lo profanaron. Edificaron santuarios paganos a Baal en el valle de Ben-hinom y allí sacrifican a sus hijos e hijas a Moloc. Jamás ordené un acto tan horrendo; ¡ni siquiera me pasó por la mente ordenar semejante cosa! ¡Qué maldad tan increíble la que hizo que Judá pecara tanto!

Jeremías estaba estableciendo una clara conexión entre Moloch y Baal. El nombre 'Baal' es un sustantivo semítico que significa 'señor o propietario', que se produce alrededor de 90 veces en el Antiguo Testamento y en referencia a un dios cananeo.[13]

Se refieren a él como el 'más poderoso de los héroes', 'el poderoso excelente', 'el señor de la tierra fértil', y 'el hijo de EL'.[14] La creencia era que Baal era propietario de los que le adoraban.[15] Baal también está conectado con el inframundo y es considerado como el líder de los Rafhaim. Se dice que él activaba a los muertos y por lo tanto jugaba un papel importante en la adoración a los antepasados. Se declaró que él era el señor de los grandes dioses y de los antepasados deificados.

Es claro en la Escritura, que Dios el Señor está en guerra con Moloc y Baal. Los que están en rebelión deben renunciar a estos dioses y hacer a Yahweh su único Dios.[16]

"Al llegar ese día, dice el Señor, me llamarás "esposo mío" en vez de "mi señor". Oh Israel, yo borraré los muchos nombres de Baal de tus labios y nunca más los mencionarás. En ese día haré un pacto con todos los animales salvajes, las aves de los cielos y los animales que corren sobre la tierra, para que no te hagan daño. Quitaré de la tierra todas las armas de guerra, todas las espadas y todos los arcos, para que puedas vivir sin temor, en paz y seguridad. Te haré mi esposa para siempre, mostrándote rectitud y justicia, amor inagotable y compasión. Te seré fiel y te haré mía y por fin me conocerás como el Señor."

Esta revelación fue intrigante, pero ¿qué tienen que ver Moloc, Baal, y Saturno con La Guerra de las Galaxias y quien era ese senador en mi sueño?

12

2

CAPÍTULO DOS

Repensando la Concepción

Un cliente arribó a nuestro centro ministerial para recibir oración. Nada inusual. Sin embargo, ocurrió algo inesperado. Después de las usuales presentaciones, la sesión ministerial comenzó y me encontré haciendo las consultas típicas; hasta que un pensamiento me vino a la mente y yo ya estaba articulándolo como si fuera una pregunta, antes de ni siquiera procesar lo que estaba pensando en realidad. El cliente nunca vaciló sino que respondió rápidamente a mi pregunta y de inmediato tuvo una visión abierta. Mientras tanto, yo reflexioné, "¿De verdad yo creía en lo que estaba preguntando?"

Mi pregunta: "Pídale al Señor que lo lleve de regreso hasta antes de la concepción cuando usted eran un espíritu creado en Su trono. ¿Cómo se siente allí?"

Ella se vio a sí misma ante un trono elevado de columnas. Ella estaba llena de deleite.

"Pregúntele al Señor si usted quería venir a la tierra."

Sin dudarlo, "Yo no quería venir."

"¿Estaba usted dispuesta a venir a la tierra?"

Hubo un silencio, y luego con ojos tristes ella respondió: "Sí, estaba dispuesta a venir."

Contemplé mi siguiente pregunta. "¿Sucedió algo entre dejar el trono de Dios y venir a la tierra?"

Ella se sobresaltó. "Mientras estoy bajando las escaleras frente al trono, hay un lobo a mi mano izquierda. ¡El lobo me está atacando!"

Mientras ella estaba respondiendo a mis preguntas, yo estaba discerniendo lo que estaba pasando espiritualmente. Yo tenía conocimiento de los seres espirituales llamadas estrellas. Estas estrellas, sin embargo, no eran justas, sino impías. Después del comentario sobre el lobo, no estaba seguro de cómo proceder. Me preguntaba si había alguna conexión entre el 'lobo' y las 'estrellas', abrí mi laptop y escribí 'lobo' y 'estrellas' en el menú de búsqueda. La frase 'constelación lupus'[17] apareció en mi pantalla. Al compartir el descubrimiento con ella, ella pareció sorprendida.

"Por eso vine hoy a la ministración. Porque tengo Lupus." Siguiendo la dirección del Espíritu Santo, le pedimos al Señor que quebrara todas las consecuencias generacionales de pecados que le habían dado al enemigo el derecho de atacarla físicamente. Le pedimos al Señor que la desconectara de todas las estrellas impías, sistemas estelares, constelaciones y zodíacos. Concluimos con oraciones y nos despedimos.

Durante las siguientes semanas, a menudo pensaba, sobre lo que había pasado en esa sesión de oración. Ciertamente, parecía que el Señor nos había dado una llave. Reflexioné sobre mi sueño de La Guerra de las Galaxias y me preguntaba si el Señor me estaba revelando una conexión. Algunos meses más tarde, una persona entró por ministración, se sentó y comenzó a decir.

"No te acuerdas de mí, ¿verdad?"
 Perplejo le respondí diciendo: "No".
"Yo soy la primera persona a la que usted le pidió al Señor que llevara de regreso a Su trono hasta antes de la concepción. Yo soy aquella que tenía Lupus."
"Por favor, dígame lo que sucedió."
"Fui al médico y me hizo un estudio. El Lupus está en remisión. No hay evidencia de la enfermedad."

No estaba preparado para esto. Ella había sido realmente sanada. ¿Nos había dado Dios una pista sobre los bases de la enfermedad?

En el transcurso de varios meses le he hecho las mismas preguntas a docenas de personas, acerca de su experiencia antes de la concepción, y me ha sorprendido la cantidad de personas que son conscientes de cómo era antes de venir a la tierra. Sus historias son a menudo muy similares. Se ven como globos de luz alrededor del trono. Hablan de un gozo y deleite inexplicable de estar con su Padre Celestial. La mayoría relatan que ellos no querían venir a la tierra, pero estaban dispuestos a venir. También es común su entendimiento del conflicto con el enemigo entre abandonar Su trono y venir a la tierra. A menudo, el conflicto es violento, resultando en consecuencias sorprendentes.

¿Es posible que nuestros espíritus existieran antes de la concepción? Nunca antes, estuve dispuesto a considerar esa idea. Una escritura sin embargo, Jeremías 1:5, me estaba inquietando y no podía evitar lo que obviamente declaraba- que fuimos conocidos desde antes de la concepción.

> *Te conocía aun antes de haberte formado en el vientre de tu madre; antes de que nacieras, te aparté y te nombré mi profeta a las naciones.*
> 18

La palabra hebrea 'sabía' es 'yada', y se refiere aquí al conocimiento de Dios sobre el hombre. Ya éramos totalmente conocidos antes de la concepción. Yo había estado muy cómodo creyendo que este versículo significa en realidad que Dios sabía "de nosotros" antes de la concepción, sólo en el sentido de que Él sabía en quién nos convertiríamos. Ahora era el momento de repensar mi interpretación. Tal vez éramos conocidos porque estábamos realmente presentes con Él, como espíritus creados.

Le he preguntado a fácilmente cientos de personas lo que sabían acerca de su tiempo antes de la concepción, creando cuidadosamente mis preguntas y siendo cauteloso de no llevarlos a dar una respuesta que yo quería. Una gran mayoría me han dado respuestas similares. Muchos me han dicho que han sabido esto desde la infancia, pero tenían miedo de expresar lo que sabían, debido a la posibilidad de ser desafiados teológicamente. Otra de mis presunciones se estaba desmoronando. Esta no sería la última, me quedé muy sorprendido al saber quiénes éramos y quiénes somos.

3

CAPÍTULO TRES

¿Quiénes Son los hijos de Dios?

El día después del Pentecostés del 2010, me fui a un viaje ministerial a la Costa Este. Yo estaba trabajando con una cliente muy dotada espiritualmente, quien me daría dirección profética mientras la ministraba. Mientras orábamos juntos, parecía que el Señor le mostraba una grabación de un evento que ocurrió en el cielo antes del Jardín del Edén. Fue un evento perturbador que involucró a un grupo de seres, llamados los 'hijos de Dios'. Mientras ella estaba viendo esta escena, lágrimas salieron de sus ojos, "Hay un grupo de los hijos de Dios que se han rebelado contra el Señor. Ellos quieren establecer sus propios mundos multi-universo." Mi mente comenzó rápidamente a buscar referencias bíblicas y el pasaje que primero me llamó la atención fue el de antes del diluvio de Génesis 6:1-5:

> *Luego los seres humanos comenzaron a multiplicarse sobre la tierra, y les nacieron hijas. Los hijos de Dios vieron a las hermosas mujeres y tomaron como esposas a todas las que quisieron. Entonces el Señor dijo: 'Mi Espíritu no tolerará a los humanos durante mucho tiempo, porque solo son carne mortal. En el futuro, la duración de la*

> *vida no pasará de ciento veinte años. En esos días y durante algún tiempo después, vivían en la tierra gigantes nefelitas, pues siempre que los hijos de Dios tenían relaciones sexuales con las mujeres, ellas daban a luz hijos que luego se convirtieron en los héroes y en los famosos guerreros de la antigüedad. El Señor vio la magnitud de la maldad humana en la tierra y que todo lo que la gente pensaba o imaginaba era siempre y totalmente malo."*

¿Era posible que haya habido una rebelión en contra de Dios antes de Adán y Eva? ¿Quiénes son esos hijos de Dios?

La frase 'hijos de Dios' es bene [ha] Elohim. Estos seres espirituales se aparearon con las hijas de los hombres y tuvieron hijos que eran gigantes[19]. La palabra hebrea es transcripta como Nephilim, y es interpretada como gigantes en la versión bíblica NVI. Los hijos de Dios también se mencionan en Job 1 y 2, donde parece que el énfasis es primero en los hijos de Dios y luego en Satanás [adversario].

> *Un día los miembros de la corte celestial llegaron para presentarse delante del Señor, y el Acusador, Satanás, vino con ellos. El Señor le preguntó a Satanás: — ¿De dónde vienes? Satanás contestó al Señor: — He estado recorriendo la tierra, observando todo lo que ocurre.* [20] (NTV)

> *Llegó el día en que los ángeles debían hacer acto de presencia ante el Señor, y con ellos se presentó también Satanás. Y el Señor le preguntó: — ¿De dónde vienes? —Vengo de rondar la tierra, y de recorrerla de un extremo a otro —le respondió Satanás.* [21] (NVI)

Más adelante en Job, se nos dice que en la creación, los hijos de Dios y los seres espirituales llamados estrellas se regocijaron.

¿Dónde estabas tú cuando puse los cimientos de la tierra? Dímelo, ya que sabes tanto. ¿Quién decidió sus dimensiones y extendió la cinta de medir? ¿Qué sostiene sus cimientos y quién puso su piedra principal mientras las estrellas de la mañana cantaban a coro y todos los ángeles gritaban de alegría? [22]

Parece probablemente, que estos hijos de Dios estaban vinculados a áreas terrestres de la tierra. Mire en Deuteronomio 32:7-8.

> *Acuérdate de los tiempos antiguos, Considera los años de muchas generaciones; Pregunta a tu padre, y él te declarará; A tus ancianos, y ellos te dirán. Cuando el Altísimo hizo heredar a las naciones, cuando hizo dividir a los hijos de los hombres, Estableció los límites de los pueblos, Según el número de los hijos de Israel. (RV60)*

Michael Heiser sostiene que es mejor traducir 'hijos de Israel' como 'hijos de Dios' (como se menciona en la versión bíblica de RV60) [23]

Al leer estas escrituras, muchas ideas comenzaron a venir a mi mente. ¿Había una teoría de una conspiración final que era cierta?

Disfruto ver televisión y películas y parece haber un tema en común en muchos programas – el malo es finalmente acorralado y luego dice, "Esto es más grande de lo que piensas. Tú no sabes con quién estás tratando. Yo soy sólo la persona que está al frente de un grupo muy malvado" Así que consideré la posibilidad de que la rebelión inicial en el cielo fue hecha por los hijos de Dios. Si esto era cierto, tal vez con el fin de cumplir con su plan para dominar el los mundos multi-universo ellos necesitaban enlistar a Satanás, ya que a él se le había dado autoridad sobre la tierra.

Después consideré lo que dice el Salmo 82. Veamos algunos versículos y hagamos algunas observaciones.

> *Dios preside la corte de los cielos; pronuncia juicio en medio de los seres celestiales: "¿Hasta cuándo dictarán decisiones injustas que favorecen a los malvados? Interludio". Hagan justicia al pobre y al huérfano; defiendan los derechos de los oprimidos y de los desposeídos. Rescaten al pobre y al indefenso; líbrenlos de las garras de los malvados. Pero esos opresores no saben nada; ¡son tan ignorantes! Andan errantes en la oscuridad mientras el mundo entero se estremece hasta los cimientos. Yo digo: "Ustedes son dioses; son todos hijos del Altísimo. Pero morirán como simples mortales y caerán como cualquier otro gobernante". Levántate, oh Dios, y juzga a la tierra, porque todas las naciones te pertenecen.*

Dios (Elohim) se encuentra en la reunión de los dioses; la 'reunión de los dioses' es una frase usada en Génesis para describir a los Nephilim.

Él juzga entre los dioses (en plural), se refiere a elohim.

El Elohim les declara que son 'dioses' o 'elohim'.

Todos ustedes (plural), son hijos del Altísimo, pero usted va a morir como hombres, tal vez habla aquí de los Nephilim que murieron. Parecería que estos hijos caídos de Dios hicieron lo malo y su maldad sería castigada.

Uno de los temas que deben ser discutidos es el término 'hijos de Dios'.

4

CAPÍTULO CUATRO

¿Hijos de Dios o Ángeles?

En la teología cristiana tenemos la tendencia a categorizar a todos los seres espirituales bajo el rubro de ángeles (angelología) que lo abarque todo. Crecí con este entendimiento, y mi formación teológica reforzó esta noción. A medida que el Señor me enseñaba a discernir, me di cuenta de que sentía diferentes seres espirituales en diferentes partes de mi cabeza y me preguntaba si es posible que los seres espirituales sean diferentes en el mundo espiritual, así como hay diferentes tipos de seres en la creación natural. Por ejemplo no clasificamos como perros a todos los animales de cuatro patas. Por lo tanto, tiene sentido que en el mundo espiritual tengamos seres llamados ángeles, serafines, querubines, ancianos, etc. No son simplemente diferentes tipos de ángeles, pero son diferentes tipos de seres espirituales. Otra forma de decir esto sería articular que la Biblia es lo que dice. En otras palabras, cuando los escritores de la Biblia mencionan 'hijos de Dios' no quisieron decir ángeles. Pero, es en este punto donde tenemos un potencial problema. En el Nuevo Testamento tenemos dos referencias posibles a los hijos de Dios que se refieren a ellos como ángeles.

Porque si Dios no perdonó a los ángeles que pecaron, sino que arrojándolos al infierno los entregó a prisiones de oscuridad, para ser reservados al juicio; y si no perdonó al mundo antiguo, donde guardó a Noé, una de las ocho personas, un predicador de justicia, trayendo el diluvio sobre el mundo de los impíos; dejando las ciudades de Sodoma y Gomorra en cenizas, las condenó a la destrucción, haciendo de ellos un ejemplo a los que habían de vivir impíamente; y libró al justo Lot, abrumado por la impía conducta de maldad. [24]

Pero quiero recordarles, ya que una vez conociste esto, que el Señor, habiendo salvado al pueblo de la tierra de Egipto, después destruyó a los que no creyeron. Y a los ángeles que no guardaron su dignidad, sino que abandonaron su propia morada, los ha guardado en prisiones eternas bajo tinieblas para el juicio del gran día; como Sodoma y Gomorra, y las ciudades a su alrededor, de una manera similar a éstos, después de haberse entregado a la inmoralidad sexual y haberse ido en pos de vicios contra la naturaleza, fueron puestas por ejemplo, sufriendo el castigo del fuego eterno. [25]

¿Cómo abordamos estos dos pasajes? Tengo algunas posibles soluciones, entendiendo que lo que estoy sugiriendo puede ser un nuevo pensamiento. [26]

La palabra 'ángel' en el griego es *angelos*, y significa mensajero. Esta traducción es usada en Lucas 7:27,

Mira, envío a mi mensajero (angelos) por anticipado, y él preparará el camino delante de ti".

El término 'ángel' en los dos pasajes anteriores de 2 Pedro y Judas está ligado a lo que sucedió en Sodoma y Gomorra y no al tiempo antes del diluvio.

No sólo los 'hijos de Dios' tienen relaciones sexuales con las hijas de los hombres, pero los ángeles lo hicieron también.

5

CAPÍTULO CINCO

Identificando a los Hijos de Dios

Como he indicado antes, la revelación de los hijos de Dios se estaba desarrollando. Más ideas vinieron. ¿Éramos realmente hijos de Dios antes de la concepción? ¿O somos quizás los hijos revelados de Dios de los que se habla en Romanos 8? Con cautela, comencé a presentar esta idea en diferentes sesiones de entrenamiento y la respuesta fue positiva. Estaba sorprendido. ¿Cómo podría ser esto? ¿Había algún fundamento en las Escrituras? Yo no estaba preparado para lo que iba a descubrir. Considere primero el pasaje de Romanos 8: 18-19:

> *Sin embargo, lo que ahora sufrimos no es nada comparado con la gloria que él nos revelará más adelante. Pues toda la creación espera con anhelo el día futuro en que Dios revelará quiénes son verdaderamente sus hijos.*

Me pregunté si los hijos de Dios mencionados en el Antiguo Testamento eran los mismos hijos de Dios mencionados aquí en Romanos 8, por lo que chequeé la traducción de la Septuaginta de la Biblia hebrea y, de hecho, la frase es la misma. Otras escrituras salieron a la luz. Nótese 1 Samuel 28: 9-14:

Preguntó la mujer, "Usted sabe que Saúl ha expulsado a todos los médiums y a todos los que consultan los espíritus de los muertos. ¿Por qué me tiende una trampa?" Pero Saúl le hizo un juramento en el nombre del Señor y le prometió: "Tan cierto como que el Señor vive, nada malo te pasará por hacerlo". Finalmente, la mujer dijo: "Bien, ¿el espíritu de quién quiere que invoque?" "Llama a Samuel" respondió Saúl. Cuando la mujer vio a Samuel, gritó: "¡Me engañó! ¡Usted es Saúl!" "No tengas miedo" le dijo el rey. "¿Qué es lo que ves?" "Veo a un dios[b] subiendo de la tierra" dijo ella. "¿Qué aspecto tiene?" preguntó Saúl. "Es un hombre anciano envuelto en un manto" le contestó ella. Saúl se dio cuenta de que era Samuel, y se postró en el suelo delante de él.

En este relato histórico Saúl había ido a buscar al médium de Endor para que pudiera hablar con el difunto Samuel. La médium tuvo éxito pero estaba impactada. Cuando Saúl le preguntó lo que vio, su respuesta fue muy interesante. Ella dijo: "Yo vi a un 'elohim' subiendo y su forma es la de un anciano cubierto con un manto." Este es un comentario llamativo. Ella describió lo que vio como un "Elohim", y su forma era la de un anciano llamado Samuel.

En Kaneohe, Hawái, yo estaba compartiendo mis pensamientos acerca de los hijos de Dios, cuidadosamente caracterizando mis observaciones con la pregunta: "¿Y si esto es cierto?" Un hombre se acercó a mí y me dijo que quería hablar más de esto. Yo tenía mis argumentos y estaba listo para una discusión, sabiendo que no me sentía los suficientemente confiado en mis pensamientos para discutir la veracidad de lo que estaba diciendo. Él me dijo que mirara Lucas 3:37-38, que detalla la supuesta línea de José bajando hasta el Mesías. Lucas comienza con José y va hacia atrás en las generaciones. El hijo de Matusalén, hijo de Enoc, hijo de Jared, hijo de Mahalaleel, hijo de Cainán, el hijo de Enós, hijo de Set, hijo de Adán, hijo de Dios. Lucas es muy preciso. Adam es un hijo de Dios. 27

Ahora considerando Lucas 20. Los saduceos le preguntaron a Jesús acerca de una mujer que se casó con un hombre con siete hermanos. Ella se casa con cada uno sucesivamente, pero los siete murieron. ¿Quién se iba a casar con la mujer en el cielo? La respuesta de Jesús se registra en Lucas 20: 34-36:

Jesús respondió: "El matrimonio es para las personas aquí en la tierra; pero en el mundo que vendrá, los que sean dignos de ser levantados de los muertos no se casarán, ni se darán en casamiento, ni volverán a morir. En este sentido, serán como ángeles. Ellos son hijos de Dios e hijos de la resurrección.

Jesús dejó en claro que el cielo no es como la tierra. En el cielo no hay sexo marital. La frase, ellos son iguales a los ángeles es una traducción de la palabra griega, *isangeloi*:

En el Nuevo Testamento, la única aparición es en Lucas 20:36, donde nos dice que el resucitado no conocerá ni la mortalidad ni las relaciones sexuales, ya que son como ángeles.[28]

Ahora miremos el contexto donde Jesús dice que los 'hijos de este siglo' son como los ángeles y en eso no están involucrados en el sexo marital. Esa es la forma en que son como los ángeles. El texto no dice los hijos de este siglo son lo mismo que los ángeles. Jesús también declara que los hijos de este siglo son los 'hijos de Dios'.

En Mateo 13:36-43, Jesús explora la tensión entre los hijos del Reino y los hijos del mal. No está demasiado lejos de ver que Jesús podía estar hablando acerca de los hijos justos de Dios y los hijos injustos de Dios. [29] La influencia de los hijos caídos de Dios de la humanidad se explorarán más adelante en este libro.

Luego, Jesús dejó a las multitudes afuera y entró en la casa. Sus discípulos le dijeron: "Por favor, explícanos la historia de la maleza en el campo". Jesús respondió: "El Hijo del Hombre es el agricultor que siembra la buena semilla. El campo es el mundo, y la buena semilla representa a la gente del reino. La maleza representa a las personas que pertenecen al maligno. El enemigo que sembró la maleza entre el trigo es el diablo. La cosecha es el fin del mundo, y los cosechadores son los ángeles. Tal como se separa la maleza y se quema en el fuego, así será en el fin del mundo. El Hijo del Hombre enviará a sus ángeles, y ellos quitarán del reino todo lo que produzca pecado y a todos aquellos que hagan lo malo. Y los ángeles los arrojarán al horno ardiente, donde habrá llanto y rechinar de dientes. Entonces los justos brillarán como el sol en el reino de su Padre. ¡El que tenga oídos para oír, que escuche y entienda!"

Mientras estaba realizando la investigación sobre el concepto de los hijos de Dios, me encontré con un artículo del Diccionario Collins de la Biblia. Observe cómo el autor pone el concepto de los hijos de Dios en el terreno de los hijos de Dios.

*El Espíritu da testimonio a nuestro espíritu de que somos hijos de Dios (Ro 8:16.); por cuanto sois hijos, Dios envió el Espíritu de su Hijo (Ga. 4: 6); todos los que son guiados por el Espíritu de Dios son hijos de Dios (Rm 8:14.); hijos de Dios por la fe en Cristo Jesús (Ga 3:26); a los que creen en su nombre les dio potestad de ser hechos hijos de Dios (Jn 1:12); seréis mis hijos e hijas (2 Co 6:18.); hijos del Dios viviente (Os 1:10; Ro 9:26); seréis hijos del Altísimo (Lc 6:35); ahora somos hijos de Dios (1 Jn 3: 2); qué es el amor, para que seamos llamados hijos de Dios (1 Jn 3:1); los hijos de **resurrección** son hijos de Dios (negrita para enfatizar) (Lc 20:36); Yo seré su Dios y él será mi hijo (Ap 21: 7); él verá su descendencia (Is 53:10.); habiendo de llevar muchos hijos a la gloria (He 2:10); Jesús murió para reunir en uno a los hijos de Dios esparcidos en el extranjero (Jn 11:52); no son los hijos de la carne los que son hijos de Dios, sino los hijos de la promesa (Ro 9: 8); que ya no eres esclavo, sino hijo (Ga 4: 7); la exhortación dirigida a usted como hijos (He. 12: 5); por esto conocemos los hijos de Dios y los hijos del diablo (1 Jn 3:10).* [30]

La Escritura es clara de hay otros dioses y estos dioses se llaman los elohim. Éxodo 18:11 es una referencia:

Ahora sé que el Señor es más grande que todos los dioses [elohim]; en la misma situación en la que se comportaron con orgullo, Él estaba por encima de ellos. [31]

<u>Resumamos:</u>

1. Hay un grupo de seres espirituales creados llamados hijos de Dios que existían en el cielo.

2. Nosotros, los que estamos vivos, y todos los que han vivido anteriormente, eran hijos de Dios antes de la concepción.

3. Algunos de estos hijos de Dios se rebelaron contra Dios y pasaron por alto el orden creado por Dios de venir a la tierra a través de la concepción y se aparearon con las hijas de los hombres.

4. Estos seres espirituales eran vistos como dioses por los que estaban en la tierra y se convirtieron en dioses de los panteones de las naciones de la tierra, por ejemplo, los 'dioses de los pueblos'.

5. El resultado de esta actividad sexual de estos hijos caídos de Dios fue el nacimiento de los Nephilim.

6. Hay que ser redimidos por la sangre de Jesucristo. Los que son redimidos se convierten en hijos de Dios.

7. Toda la creación está esperando por nosotros que somos los hijos redimidos de Dios nos demos cuenta de que somos hijos de Dios. Toda la creación está esperando por la manifestación de los hijos de Dios.

8. Nimrod fue poderoso.

9. El panteón de los dioses son los hijos caídos de Dios

6

CAPÍTULO SEIS

La Conspiración Final

Ahora había un día en que los hijos de Dios vinieron a presentarse delante de Jehová, y Satanás vino también entre ellos.[32]

Ya sea el Triángulo de las Bermudas, el asesinato de JFK, o el avistamiento de OVNIS, las teorías de conspiración han abundado a través de la historia. El versículo anterior ¿se refiere a una teoría de conspiración?; la cual según Wikipedia, es:

> Una proposición explicativa que acusa a dos o más personas, un grupo o una organización de haber causado o encubierto, a través de la confabulación deliberada, un evento o fenómeno de gran impacto social, político o económico.[33]

¿Quiénes son los hijos de Dios y por qué Satanás caminó entre ellos? Estas y otras preguntas serán respondidas a medida que examinemos el plan de Satanás para contaminar la reserva genética del Mesías, para impedirle que viniera.

El Gran Anuncio:

Entonces dijo Dios: "Hagamos al hombre a nuestra imagen, conforme a nuestra semejanza; y señoree en los peces del mar, en las aves de los cielos, y en las bestias, en toda las cosas de la tierra y la serpiente que se arrastra sobre la tierra." Y creó Dios al hombre a su propia imagen en la imagen de Dios lo creó, varón y hembra los creó. [34]

En el sexto día de la creación Dios sacudió los cielos cuando declaró que Él crearía a la humanidad, no a 'Su' imagen, pero a 'nuestra' imagen según nuestra semejanza. ¿A quién le hizo el Señor esta sorprendente declaración? La mayoría de los estudiosos creen que estos versículos se refieren a la Trinidad, pero el Salmo 82:1-8 sugiere lo contrario:

Dios preside la corte de los cielos; pronuncia juicio en medio de los seres celestiales: ¿Hasta cuándo dictarán decisiones injustas que favorecen a los malvados? Hagan justicia al pobre y al huérfano; defiendan los derechos de los oprimidos y de los desposeídos. Rescaten al pobre y al indefenso; líbrenlos de las garras de los malvados. Pero esos opresores no saben nada; ¡son tan ignorantes! Andan errantes en la oscuridad mientras el mundo entero se estremece hasta los cimientos. Yo (Dios) digo: "Ustedes son dioses; son todos hijos del Altísimo. Pero morirán como simples mortales y caerán como cualquier otro gobernante". Levántate, oh Dios, y juzga a la tierra, porque todas las naciones te pertenecen.

El Consejo Divino:

La Biblia de las Américas explica que Dios tomó Su lugar ante la 'reunión de los dioses', mientras que otras traducciones dicen que Él estaba en el 'consejo divino'. ¿Qué es el consejo divino y quiénes son sus miembros? ¿Qué podemos aprender de este pasaje?

La palabra hebrea para 'dioses' es 'elohim'. A primera vista, esto es algo confuso porque la palabra hebrea para 'Dios' también es 'Elohim'. En un artículo titulado: "Entonces, ¿Qué es exactamente Elohim?" Michael Heiser define elohim como "un ser cuya propia morada es el mundo de los espíritus" [35] Continúa:

> Pero ¿por qué referirse a los seres espirituales como elohim? La asociación no es difícil de entender, en realidad. Puesto que Dios es un espíritu y de hecho el Espíritu supremo y Él es el padre de todos los espíritus, [36] entonces el reino de los espíritus es donde Dios vive. Los seres que pertenecen al reino de los espíritus, son por lo tanto espíritus divinos. La mejor palabra para capturar esta concepción es 'elohim'. Un elohim es un ser divino, un elohim es un habitante del plano espiritual de la realidad."[37]

Los dioses a los que se hace referencia en el Salmo 82:1-8 son elohim, menores en contraste con Dios que es el todopoderoso y omnisciente Elohim. ¿Por qué es esto importante? Es importante porque el 'gran anuncio' de Dios de que Él crearía a la humanidad a 'nuestra' imagen se refiere directamente a un grupo de seres espirituales llamados 'hijos de Dios' en el Salmo 82:6.

> *Yo (Elohim) dije: "Vosotros sois dioses (elohim). Y todos vosotros hijos (hijos del Altísimo).*

¿Podría ser, como Paul Cox lo propuso antes, que nosotros somos los hijos de Dios? ¿Es posible que antes de la concepción, disfrutáramos de la presencia de nuestro Padre Celestial como elohim o como los hijos de Dios? [38]

En Juan 10:30-36, los fariseos intentaron apedrear a Jesús porque Él reclamó divinidad. La respuesta de Jesús en los versículos 34-36 es una cita directa del Salmo 82:6:

> *"¿No está escrito en vuestra ley: Yo dije, 'dioses sois'? Si llamó dioses a aquellos a quienes vino la palabra de Dios (y la Escritura no puede ser quebrantada), ¿al que el Padre santificó y envió al mundo, vosotros decís: Tú blasfemas, porque dije: Hijo de Dios soy?"*

La palabra griega para 'dioses' en este pasaje es 'theos' que también es la palabra griega para 'Dios'. Jesús se refirió a los judíos como los hijos de Dios, ya a sí mismo como el Hijo de Dios - ¡increíble! (Tenga en cuenta la diferencia en las mayúsculas- sólo Jesús ha sido identificado como Hijo. Esto también es importante en términos de 'dios (es) frente a 'Dios')

La Caída:

> *Así que cuando la mujer vio que el árbol era bueno para comer, y que era agradable a los ojos, y era un árbol codiciable para alcanzar la sabiduría; Entonces ella tomó de su fruto y comió. Entonces los ojos de ambos se abrieron, y conocieron que estaban desnudos; entonces cosieron hojas de higuera y se hicieron coberturas.* [39]

En Lucas 3:1-38 encontramos la genealogía de Jesucristo. Mirando hacia atrás, Lucas enumera a Jesús primero y termina con Adán. En Lucas 3:38 Él se refiere a Adán como el hijo de Dios. No como el Hijo de Dios, sino el hijo de Dios.

Adán fue el primer 'hijo revelado de Dios'. Dios lo formó del polvo de la tierra y sopló en él aliento de vida y se convirtió en un ser humano.[40] Como un hijo revelado de Dios, Adán fue dotado con cinco atributos sobrenaturales: [41]

1. Extraordinaria fuerza física y resistencia [42]
2. Inmortalidad [43]
3. La capacidad de comunicarse con Dios cara a cara [44]
4. Comunicación entre las especies [45]
5. Una increíble capacidad cerebral – Adán le puso los nombres a todos los animales y a las aves [46]

Adán poseía algo que Satanás no tenía pero que era claramente codiciado por él, el dominio, la autoridad divinamente dada para gobernar y reinar en los cielos y en la tierra.[47] Debido a esto, Satanás se le apareció a Eva como una serpiente con el fin de "invertir el diseño mismo de Dios" [48] y robar la autoridad que Dios le había impartido a ella, Adán y a los hijos de Dios. Como se mencionó anteriormente, Lucas 3:38 se refiere a Adán como el hijo de Dios, lo cual da a entender claramente que nosotros, como descendientes de Adán, somos también los hijos de Dios.[49]

Satanás tiene que Rendir Cuentas

Poco después de la caída, Dios se dirigió a Satanás y lo mantuvo responsable de sus acciones en el jardín del Edén.

> *Entonces, Dios el Señor le dijo a la serpiente: "Por haber hecho esto, maldita serás entre todas las bestias y entre todos los animales del campo; sobre tu pecho andarás, y polvo comerás todos los días de tu vida. Y pondré enemistad entre ti y la mujer, y entre tu simiente y la simiente suya; Ésta te herirá (aplastará) de la cabeza y tú le herirás (aplastar) en el calcañar."* [50]

Dios maldijo a Satanás y lo puso sobre aviso. Reiterando el verso anterior, las palabras entre paréntesis realzan la naturaleza enfática de las palabras de Dios:

> *"Yo (Dios) pondré enemistad (enemistad u odio) entre tu (Satanás) y la mujer (Eva), y entre tu simiente (la humanidad no regenerada) y la simiente suya (Eva) (pueblo de Dios); Él (un hombre de la línea de Adán) aplastará (aplastamiento) la cabeza (de Satanás) y tú (Satanás) le herirás (aplastamiento) en el calcañar (los pies de Jesús en la cruz)."*

Justo cuando Satanás pensó que había cortado de forma permanente la relación del hombre con Dios y lo dejó espiritualmente inoperante, Dios cambió todo y dijo (parafraseado): "Yo levantaré un hombre de la línea de Adán que deshará lo que has hecho. No sólo él va a reconciliar a mis hijos (e hijas) conmigo, pero yo le daré autoridad para volver a colocarlos en los lugares celestiales para gobernar y reinar como originalmente había sido mi intensión"

La Conspiración Final:

Cuando Satanás se enteró de que un hombre de la línea de Adán aplastaría su cabeza y restauraría a los hijos de Dios la autoridad para gobernar y reinar él puso en movimiento un plan insidioso para bloquear Su venida, y lo que ocurrió después, parece una escena de una película de ciencia ficción. Job 1: 6 nos dice que cuando los hijos de Dios se presentaron delante del Señor, Satanás vino con ellos para convencerlos de revelarse contra Dios- para dejar el consejo divino y tomar posesión de la tierra, por medio de la reproducción de una raza híbrida de gigantes. Estos seres mitad-divinos y mitad-humanos podrían contaminar genéticamente la línea de Adán y hacer la guerra con sus descendientes para que el Segundo Adam [51] no pudiera venir.

Aunque suene descabellado, Génesis 6:1-2,4 nos dice que esto es exactamente lo que ocurrió:

> *Luego los seres humanos comenzaron a multiplicarse sobre la tierra, y les nacieron hijas. Los hijos de Dios vieron a las hermosas mujeres y tomaron como esposas a todas las que quisieron. Había gigantes en la tierra en aquellos días, y también después, cuando los hijos de Dios se unieron a las hijas de los hombres engendraron hijos con ellos. Esos fueron los valientes que desde la antigüedad fueron varones de renombre.*

7

CAPÍTULO SIETE

Los Hijos Caídos de Dios

El Diluvio:

En este capítulo nos referiremos a los hijos de Dios como a los 'hijos caídos de Dios'. Aunque es imposible saber cuántos gigantes se engendraron podemos decir con certeza que los Nephilim contribuyeron a una situación ya deteriorada:

> *Entonces el Señor vio que la maldad de los hombres era mucha en la tierra, y que todo designio de los pensamientos del corazón de ellos era de continuo, solamente para hacer el mal. Y el Señor se arrepintió de haber hecho al hombre en la tierra, y le dolió en su corazón. Entonces el Señor dijo: "Voy a destruir al hombre que he creado de la faz de la tierra, el hombre y la bestia, los reptiles y las aves del cielo, porque siento mucho lo que he hecho.* [52]

No sabemos cuándo se produjo el diluvio, pero los estudiosos generalmente están de acuerdo de que el diluvio fue en algún momento entre el 3600 y 3000 A.C [53]. La intención de Dios en ese momento era de 'reiniciar' el sistema y empezar de nuevo. Según Génesis 6:4, los gigantes sobrevivieron al diluvio, lo que indica que poseían una fuerza sobrehumana y una gran altura.

El árbol genealógico de Noé:

Aunque Dios destruyó a la humanidad, Noé halló gracia ante el Señor.[54] Sus tres hijos Sem, Cam y Jafet y sus esposas, ellos fueron escogidos por Dios para repoblar la tierra.[55]

Para abarcar aún más la revelación de los hijos caídos de Dios necesitamos examinar cómo se infiltraron en la línea generacional de Adán. Lucas 3:23-38 enumera la genealogía de Jesús, en la que Noé aparece en la décima generación después de Adán.[56] Génesis 9: 1 nos dice que Dios bendijo a Noé y a sus hijos, y les dijo: "Sean fructíferos y multiplíquense; llenen la tierra". Mientras tanto, los hijos caídos de Dios que habían sobrevivido el diluvio siguieron contaminando el patrimonio genético de la humanidad.

Noé maldice a Canaán:

En Génesis 9:18-27 revela que Noé fue acosado sexualmente por su hijo Cam, lo cual indica que el plan de Satanás estaba teniendo éxito:

> *Los hijos de Noé que salieron de la barca con su padre fueron Sem, Cam y Jafet (Cam es el padre de Canaán). De estos tres hijos de Noé provienen todas las personas que ahora pueblan la tierra.*
>
> *Después del diluvio, Noé comenzó a cultivar la tierra y plantó un viñedo. Cierto día, bebió del vino que había hecho y se emborrachó, y estaba recostado y desnudo dentro de su carpa. Cam, el padre de Canaán, vio que su padre estaba desnudo y salió a contárselo a sus hermanos. Entonces Sem y Jafet tomaron un manto, se lo pusieron sobre los hombros y entraron de espaldas a la carpa para cubrir a su padre. Mientras lo hacían, miraban para otro lado a fin de no ver a su padre desnudo.*

> *Cuando Noé despertó de su estupor, se enteró de lo que había hecho Cam, su hijo menor. Entonces maldijo a Canaán, el hijo de Cam: "¡Maldito sea Canaán! ¡Que sea el más inferior de los siervos para con sus familiares!".*

La escritura no indica lo que Cam le hizo a su padre. Algunos sugieren que acosó sexualmente a Noé, mientras que otros sostienen que se limitó a mirar su cuerpo desnudo. Sea cual haya sido el pecado de Cam en contra de Noé, fue lo suficientemente grave ya que su padre maldijo a su hijo Canaán. Siglos más tarde, los "cananeos" se convirtieron en una trampa constante para el pueblo de Dios a causa de sus prácticas sexuales desenfrenadas.[57]

Debido a estas prácticas sexuales inmorales, los cananeos quedaron atrapados en la longitud impía, que es un lugar espiritual en los lugares celestiales donde reside el espíritu de orfandad. Es un lugar solitario estéril donde los inmorales sexuales viven desconectados del Padre.[58]

La Promesa:

Diez generaciones después de Noé, Dios llevó en silencio a un caldeo llamado Abram a abandonar la casa de su padre e ir a una tierra lejana que él no conocía. [59] Confiando en Dios, Abram empacó sus pertenencias y se fue por fe con su esposa, Sara y su sobrino Lot. Satanás no sabía que Dios estaba a punto de transformar a Abram un adorador de la luna, en el padre de muchas naciones, y que entre sus descendientes vendría el Mesías para 'aplastar' su cabeza como Dios lo había declarado antes.[60]

La Herencia de las Naciones:

El llamado de Dios en Abram era claro: a través de él todas las familias de la tierra- ¡las naciones serían benditas! Antes del llamado de Abram el Señor dispersó a setenta naciones sobre toda la tierra que había salido de los hijos de Noé.[61]

Génesis 11:1-9 (NTV) explica que después que Dios separó las naciones en la Torre de Babel, fijó sus fronteras de acuerdo con el número de los 'hijos de Dios'.

Debido a que estas setenta naciones rechazaron a Dios, Él los colocó bajo la influencia spiritual de los hijos caídos de Dios. Estos hijos caídos son el panteón de los dioses que han influenciado demoníacamente a las naciones a través de los siglos a través de las religiones del mundo que ellos empoderan.

Aunque Satanás había infiltrado con éxito la línea de Adán, Dios levantó a Abram con el fin de dar a los países la oportunidad de encontrarlo a través de sus descendientes. Esto se realizó en el día del Pentecostés cuando 3.000 judíos de todas las naciones que respondieron al llamado de Perdro.[62]

Bajando a Egipto:

Después de que Dios llamó a Abram, lo llevó al Neguev a vivir por una temporada. [63] Una gran hambruna obligó a Abram a abandonar el Neguev y bajar a Egipto en busca de alimento. Una vez allí, Saraí fue llevada a la casa del Faraón para ser parte de su harén real porque Abram tenía demasiado temor para decir que era su esposa.[64]

Para preservar la pureza del linaje de Abram y luego cumplir con la palabra de Dios sobre la serpiente: "Y pondré enemistad entre ti y la mujer, y entre tu simiente y la simiente suya; ésta te herirá en la cabeza, y tú le herirás en el calcañar" [65] Dios rescató a Saraí del harén del faraón infligiendo plagas sobre su casa. Perseguido desde Egipto, Abram regresó a Canaán como un hombre rico.[66]

Gigantes en la Tierra:

Abram finalmente se estableció en Hebrón y todo parecía bien hasta que una guerra regional estalló entre dos reyes.[67] Lo que es de interés aquí, es que uno de estos reyes, Quedorlaomer, atacó a tres clanes de gigantes:

> *"En el año catorce Quedorlaomer y los reyes que estaban con él, vinieron y atacaron a los refaítas en Astarot Karnaim, los zuzitas en Ham, a los emitas es Save Quiriataim..."* [68]

Deuteronomio 2:10-11 y 2:20-21 confirma que los hijos caídos de Dios; quienes se habían apareado con las mujeres de la tierra 20 generaciones atrás, habían reproducido con éxito a gigantes a lo largo de Canaán.[69]

> *Los emitas habían habitado allí en tiempos pasados, un pueblo tan grande y numeroso y alto como los hijos de Anac. También fueron considerados como gigantes, los hijos de Anac, pero los moabitas los llamaban emitas... Que también fue considerada como una tierra de gigantes; que antiguamente habitaban allí. Pero los amonitas llaman zomzomeos, un pueblo tan grande y numeroso y alto como los hijos de Anac. Pero el Señor los destruyó delante de ellos, y fueron desposeídos y habitaron en su lugar.*

8

CAPÍTULO OCHO

Moloc y los Hijos Caídos de Dios

Incesto: El Origen de la Alabanza a Moloc

Los hijos caídos de Dios, el panteón de dioses que se distribuyen en las naciones, continuaron contaminando Canaán antes del Éxodo y la entrada de los israelitas en la Tierra Prometida. Esto fue evidente en Sodoma y Gomorra, las ciudades que fueron juzgadas por Dios por su corrupción extrema.

> *"Vivo yo", dice el Señor Dios, "ni tu hermana Sodoma ni sus hijas han hecho lo que tú y tus hijas han hecho. Mira, esto fue una iniquidad de Sodoma tu hermana: ella y su hija tenían orgullo, la plenitud de la comida, y abundancia de la ociosidad; y no fortaleció la mano del afligido y del menesteroso. Y eran abominación altiva y comprometida delante de mí; Por lo tanto, las aparté de mí"* [70].

Lot plantó su tienda en la ciudad de Sodoma, en la llanura del Jordán.[71] Después de algún tiempo, advertido por dos ángeles destructores, Lot reunió a su familia y huyó de Sodoma debido a la depravación pecaminosa que corría desenfrenadamente dentro de sus muros.[72]

Aunque Lot y sus hijas escaparon el juicio que vino sobre Sodoma y Gomorra ese día, no escaparon de la contaminación sexual que había profanado la tierra a través de los hijos caídos de Dios.

Entonces Lot subió de Zoar con sus dos hijas con él y habitó en las montañas; porque tuvo miedo de quedarse en ese lugar. Y él y sus dos hijas habitaron en una cueva. Ahora, la mayor dijo a la menor: "Nuestro padre es viejo, y no hay hombre sobre la tierra que entre en nosotros como es la costumbre de toda la tierra. Ven hagamos nuestro padre beber vino, y durmamos con él, para que conservemos el linaje de nuestro padre." Así que ellos hicieron beber vino a su padre aquella noche. Y la primogénita fue y se acostó con su padre, y que no sabía cuándo se acostó ella, ni cuándo se levantó.[73]

El mismo escenario se produjo la noche siguiente cuando la hija más joven de Lot repitió el mismo pecado.[74] Como consecuencia las hijas de Lot dieron a luz dos hijos. El primero se llamó Moab y el segundo Ben-Ammi. Estos hijos de Lot se convirtieron en los padres fundadores de los moabitas y de las naciones de los amonitas - dos grupos de personas que adoraban a los dioses del fuego, Moloch y Chemosh.[75]

Siglos más tarde, cuando los israelitas entraron en Canaán, la adoración a Moloch o el sacrificio ritual de niños era una práctica común. Los niños fueron sacrificados deliberadamente en el fuego de Moloch, a cambio de un favor divino o como un acto equivocado de contriccion.[76] Hoy en día, el grupo terrorista Hamas continúa esta práctica despreciable con el lanzamiento de misiles hacia Israel desde patios de las escuelas palestinas. Cientos de niños palestinos han sido sacrificados intencionalmente para influir en las naciones contra Israel. Moloch, el hijo caído de Dios sobre Israel es el poder gobernante detrás de esta estrategia del mal. 'Moloch' significa 'rey' o 'gobernante', y estaba atado directamente al dios Baal que era el dios de la fertilidad.[77] Al menos en dos ocasiones, el Señor le habló a Jeremías al respecto:

"Pues Israel me ha abandonado y convirtió este valle en un lugar de maldad. La gente quema incienso a dioses ajenos, ídolos nunca antes

conocidos por esta generación ni por sus antepasados ni por los reyes de Judá. Y han llenado este lugar de sangre de niños inocentes. Han construido altares paganos a Baal y allí queman a sus hijos en sacrificio a Baal. Jamás ordené un acto tan horrendo; ¡ni siquiera me pasó por la mente ordenar semejante cosa!"[78]

'Baal', que significa 'señor' o 'maestro' era el dios principal de los cananeos. Canaán como se mencionó anteriormente era el nieto de Noé, haciendo de los Cananitas una de las setenta naciones sometidas a los hijos caídos de Dios.

Cuando el Altísimo dividió su herencia a las naciones, Cuando El separo a los hijos de Adán, estableció los límites de los pueblos según el número de los hijos de Israel.[79]

Esto significa que Moloch y Baal fueron los hijos caídos de Dios que gobernaban sobre el pueblo de Canaán.

Además de intercambiar la vida de la próxima generación por los cultivos abundantes y la protección divina, los cananeos creían que Baal podría ser persuadido para fertilizar sus tierras con su semilla si se dedicaban a la actividad sexual desenfrenada.[80] De acuerdo con un artículo titulado Fertilidad, Cultos de Canaán, los cananeos practicaban la 'magia simpática', creyendo que podían influenciar las acciones de los dioses mediante la realización de la conducta que ellos deseaban que demostraran los dioses. Convencidos de que la unión sexual de Baal y Asera (la amante de Baal) producía la fertilidad, los cananeos practicaban el sexo inmoral para causar que los dioses se unieran, para garantizar una buena cosecha.[81]

No en vano, la capital de Israel, Tel Aviv, está considerada como la Capital Gay del Medio Oriente por la Comunidad Gay mundial.[82] Ningún otro país del Medio Oriente es tan tolerante como Israel cuando se trata de los derechos gay. Así como Moloch empodera espiritualmente los sacrificios de niños en Gaza, Baal estimula la actividad homosexual a través de Israel.

Poseyendo las Puertas: [83]

Cuando las hijas de Lot durmieron con su padre abrieron un portal, puerta o punto de entrada para los hijos caídos de Dios, Moloch y Quemos, para legalmente, espiritualmente y culturalmente moldear a los moabitas y los pueblos amonitas.

'Puertas' y 'portales' son mencionadas a lo largo de las escrituras.[84] Un portal es una abertura en un espacio más grande, mientras que una puerta es una abertura más pequeña en un espacio más grande. En el reino espiritual, los portales son grandes aberturas en los lugares celestiales, mientras que las puertas son aberturas más pequeñas dentro de las regiones celestes. Abraham, Isaac y Jacob estaban conscientes de la realidad y la importancia de poseer portales y puertas espirituales.[85]

Casi dos milenios después de la muerte de Jacob, se presentó Jesús en Cesárea de Filipo e hizo una declaración sobre las puertas del Hades.

> *Y yo también te digo, que tú eres Pedro, y sobre esta piedra edificaré mi iglesia, y las puertas del Hades no prevalecerán contra ti* [86]

¿Qué entendieron los patriarcas y el Señor Jesús sobre los portales y puertas que podamos recoger nosotros hoy? Y, ¿hay alguna relación entre los portales y puertas espirituales y los hijos caídos de Dios?

Cuando Jesús entró en Cesárea de Filipo entró en una región que se conoce hoy en día como los Altos del Golán. El Golán es una región fértil situada entre el monte Hermón, en el norte de Israel, con Siria al este y el Mar de Galilea en el sur.

En los días de Jesús, el Golán fue llamado Basan[87] y fue la región en la que los rephaim o gigantes vivieron.[88] Bazán fue la sede central para estos medio-humanos medio caídos hijos de Dios. Cuando Jesús declaró que las puertas del Hades no prevalecerían contra su pueblo, indicaba con precisión que los gigantes o sus espíritus no serían capaces de conquistar a Su pueblo.

Antes de gritar, '¡blasfemia!' lea el Salmo 22:12-18, nos da una imagen profética de la crucifixión de Jesús y el cumplimiento de la palabra del Señor en Génesis 3:15:

Mis enemigos me rodean como una manada de toros; ¡toros feroces de Bazán me tienen cercado! Como leones abren sus fauces contra mí; rugen y despedazan a su presa. Mi vida se derrama como el agua, y todos mis huesos se han dislocado. Mi corazón es como cera que se derrite dentro de mí. Mi fuerza se ha secado como barro cocido; la lengua se me pega al paladar. Me acostaste en el polvo y me diste por muerto. Mis enemigos me rodean como una jauría de perros; una pandilla de malvados me acorrala; han atravesado mis manos y mis pies. Puedo contar cada uno de mis huesos; mis enemigos me miran fijamente y se regodean. Se reparten mi vestimenta entre ellos y tiran los dados por mi ropa.

La palabra 'Rephaim' significa 'gigantes', pero también es traducida como 'espíritus de los difuntos'. Cuando los filisteos oyeron que David se había convertido en el rey de Israel, ellos movilizaron sus fuerzas y acamparon fuera de Jerusalén en el Valle de Rephaim.[89] Este valle también era conocido como 'el valle de los gigantes' o 'el valle de los espíritus de los difuntos'. [90]

9

CAPÍTULO NUEVE

Israel y los Hijos Caídos de Dios

Los dioses de Egipto:

Cuando los israelitas entraron en la tierra de Canaán, Dios les advirtió que no permitieran que sus hijos pasaran por los fuegos del Moloch.[91] Moloch era indudablemente la principal deidad, o hijo caído de Dios, que gobernó sobre el pueblo de Canaán y buscó seducir al pueblo de Israel a hacer lo mismo. Los israelitas se inclinaban ocasionalmente por el culto a Moloch y comenzaron a sacrificar a sus hijos a cambio del favor divino.[92]

Es probable que Israel cayera presa de la influencia de Moloch, debido a su exposición previa a los ídolos de Egipto. Los egipcios, como los cananeos, eran los descendientes directos del hijo de Noé, Cam, más concretamente, los descendientes del nieto de Noé Mizram.[93] Los egipcios modernos se refieren a sí mismos como Misr, que es un derivado de Mizraim.[94]

Al igual que los cananeos, los egipcios estaban entre las setenta naciones que Dios puso bajo 'los hijos caídos de Dios'.[95] La familiaridad de Israel y comodidad con los dioses de Egipto influenciaron su decisión de modelar el becerro de oro en el Monte Sinaí.

Fuera de Egipto:

Cuando Dios liberó a los israelitas de la esclavitud egipcia, dirigió a Moisés a pronunciar diez plagas sobre los diez principales dioses de Egipto. Estos dioses eran tanto hombres como mujeres:

1. Hapi, el dios del rio Nilo (agua).
2. Ect, la diosa de la natalidad (ranas).
3. Geb, el dios de la tierra (mosquitos).
4. Uatchit, el dios de los escarabajos (moscas).
5. Apis, dios de la fertilidad, toro sagrado o dios vaca (peste en el ganado).
6. Isis, diosa de la sanidad (ampollas).
7. Nut, diosa del cielo (granizo).
8. Seth, dios de las cosechas (langostas).
9. Ra, dios sol (oscuridad).
10. Faraón, el jefe de los dioses de Egipto (primogénito).[96]

El Pecado en el Sinaí:

Éxodo 32:1-4 describe como los Israelitas pecaron en el Monte Sinaí:

Cuando los israelitas vieron que Moisés tardaba tanto en bajar del monte, se juntaron alrededor de Aarón y le dijeron: "Vamos, haznos dioses que puedan guiarnos. No sabemos qué le sucedió a ese tipo, Moisés, el que nos trajo aquí desde la tierra de Egipto". Aarón les respondió: "Quítenles a sus esposas, hijos e hijas los aretes de oro que llevan en las orejas y tráiganmelos".

Todos se quitaron los aretes que llevaban en las orejas y se los llevaron a Aarón. Entonces Aarón tomó el oro, lo fundió y lo moldeó hasta darle la forma de un becerro. Cuando los israelitas vieron el becerro de oro, exclamaron: "¡Oh Israel, estos son los dioses que te sacaron de la tierra de Egipto!".

Dios había librado a Israel de la esclavitud egipcia y lo había situado estratégicamente a los pies del Monte Sinaí. Su corazón era el de reunir a su pueblo, revelarse a sí mismo como su padre, y establecer una relación de pacto con ellos que duraría a través del tiempo. Los israelitas, sin embargo, no aceptaron la invitación de Dios de acercarse porque tenían el espíritu de esclavitud.

Por 430 años a los hijos de Israel se les había dicho ¡qué hacer y cuándo hacerlo! Sus necesidades básicas, como vivienda, alimentos y ropa fueron proporcionados; pero no tenían ningún paradigma de lo que significaba tener un padre, y mucho menos confiar en un ser divino que no podían ver. Condicionados por la cultura idólatra que los envolvió en Egipto y el temor a ser castigados por sus capataces, su capacidad de confiar en Dios era débil.

Poco entendieron las consecuencias a corto y largo plazo de abandonar a Dios por el ídolo del becerro de Egipto.[97]

La Guerra de las Galaxias:

Esteban, era un hombre lleno de gracia y del poder de Dios,[98] se paró firme ante el Alto Consejo de Jerusalén (el Sanedrín) para presentar, con gran detalle, una serie de pruebas bíblicas e históricas que remontan la historia temprana de Israel desde Abraham hasta Jesús como el Mesías.[99]

Durante esta poderosa presentación de los hechos, Esteban menciona al becerro de oro y su relación con la adoración de las estrellas. Veamos la historia en Hechos 7: 38-43:

> *Moisés estuvo con nuestros antepasados —la asamblea del pueblo de Dios en el desierto— cuando el ángel le habló en el monte Sinaí, y allí Moisés recibió palabras que dan vida para transmitirlas a nosotros. Sin embargo, nuestros antepasados se negaron a escuchar a Moisés. Lo rechazaron y quisieron volver a Egipto. Le dijeron a Aarón: "Haznos unos dioses que puedan guiarnos, porque no sabemos qué le ha pasado a este Moisés, quien nos sacó de Egipto". De manera que hicieron un ídolo en forma de becerro, le ofrecieron sacrificios y festejaron ese objeto que habían hecho. Entonces Dios se apartó de ellos y los abandonó,*

¡para que sirvieran a las estrellas del cielo como sus dioses! En el libro de los profetas está escrito: "Israel, ¿acaso era a mí a quien traías sacrificios y ofrendas durante esos cuarenta años en el desierto? No, llevabas a tus dioses paganos, el santuario de Moloc, la estrella de tu dios Refán y las imágenes que hiciste a fin de rendirles culto. Por lo tanto, te mandaré al destierro tan lejos como Babilonia".

De acuerdo con la defensa de Esteban, Israel continuó adorando al becerro de oro (Moloc) en los años en el desierto, así como incursionó en la adoración de las estrellas. Sabiendo que las naciones que vivían en Canaán eran adoradores de estrellas, Dios le advirtió a Israel por medio de Moisés, a no ser seducidos como lo fueron en el Monte Sinaí.

Y tengan cuidado, no sea que alces tus ojos al cielo, cuando vean el sol, la luna y las estrellas, y todo el ejército del cielo, se siente impulsado a adorarlos y servirlos, que Jehová tu Dios te ha dado todo los pueblos debajo de todos los cielos como herencia.[100]

En otras palabras, Dios puso a todas las personas - las naciones- bajo la influencia espiritual de la luna, las estrellas y los astros del cielo como una herencia. Note la similitud con Deuteronomio 32:8, que nos dice que Dios puso las setenta naciones dispersas en la Torre de Babel bajo la influencia espiritual de los hijos caídos de Dios como herencia.

Las estrellas son mencionadas a lo largo de la Escritura. No sólo como entidades celestiales en los cielos, sino como seres espirituales de alto nivel. En Isaías 14: 12-14, está el intento de Lucifer de exaltar su trono por encima de las estrellas de Dios.

¡Cómo has caído del cielo, oh estrella luciente, hijo de la mañana! Has sido arrojado a la tierra, tú que destruías a las naciones del mundo. Pues te decías a ti mismo: "Subiré al cielo para poner mi trono por encima de las estrellas de Dios. Voy a presidir en el monte de los dioses, muy lejos en el norte. Escalaré hasta los cielos más altos y seré como el Altísimo".

Y, mirando lo que dice en Jueces 5:20, vemos que las estrellas lucharon contra el rey cananeo Sísara:

Desde el cielo lucharon las estrellas; las estrellas en sus órbitas pelearon contra Sísara.

Después encontramos en Apocalipsis 9:1-2 que autoridad le es confiada a un estrella para abrir el abismo sin fondo.

Entonces el quinto ángel tocó su trompeta, y vi una estrella que había caído del cielo a la tierra, y a la estrella se le dio la llave del pozo del abismo sin fondo. Cuando lo abrió, salió humo como si fuera de un gran horno, y la luz del sol y el aire se oscurecieron debido al humo.

Teniendo en cuenta todo esto, debemos preguntarnos, "¿Son las estrellas un tipo de hijos caídos de Dios? Y, si no, ¿cuál es su relación con Moloc? La Escritura indica que hay una conexión definitiva entre Moloc y la adoración a las estrellas. Sofonías 1: 4-6 nos da entendimiento:

Aplastaré a Judá y a Jerusalén con mi puño y destruiré todo rastro del culto a Baal. Acabaré con todos los sacerdotes idólatras, para que se borre hasta el recuerdo de ellos. Pues ellos suben a las azoteas y se postran ante el sol, la luna y las estrellas. Dicen seguir al Señor, pero al mismo tiempo rinden culto a Moloc. Destruiré a los que antes me adoraban pero ahora dejaron de hacerlo. Ya no piden el consejo del Señor, ni buscan mis bendiciones.

Si Moloch es un hijo caído de Dios, como hemos propuesto anteriormente, entonces las estrellas impías son seres espirituales de alto nivel que trabajan en conjunto con Moloc contaminando las tierras en las que las naciones residen.[101]

Informe negativo:

Israel vagó durante cuarenta años en el desierto adorando a Moloc y el dios de la estrella, Saturno, porque no tenían la capacidad de poseer lo que Dios quería confiarles a ellos. Siendo esclavos por 430 años, ellos funcionaban de acuerdo con el espíritu de esclavitud en lugar del espíritu de hijos. Con sus cerebros lavados por los egipcios, habían aprendido a sobrevivir día a día y no entendían de herencia o como gobernar y reinar.

Números 13:1-3 da cuenta de cómo Dios envió a doce hombres, un líder de cada una de las doce tribus de Israel, dentro de la tierra de Canaán para explorar en busca de una conquista futura. Cuarenta días más tarde los doce regresaron e informaron lo que ellos percibieron. Dos de los doce Josué y Caleb, hablaron como hijos, pero los otros diez hablaron como esclavos.

> *Fuimos a la tierra que (Moisés) nos enviaste. Realmente fluye leche y miel, y este es el fruto. Sin embargo el pueblo que habita en aquella tierra es fuerte; las ciudades están fortificadas y muy grandes; también vimos allí los hijos de Anac (los gigantes). Amalec habita en la tierra del sur; los hititas, jebuseos, amorreos habitan en el monte; y el cananeo habita junto al mar y a lo largo de las orillas del Jordán.*
>
> *Pero Caleb trató de calmar al pueblo que se encontraba ante Moisés. —¡Vamos enseguida a tomar la tierra! —dijo—. ¡De seguro podemos conquistarla! Pero los demás hombres que exploraron la tierra con él, no estuvieron de acuerdo: — ¡No podemos ir contra ellos! ¡Son más fuertes que nosotros! Entonces comenzaron a divulgar entre los israelitas el siguiente mal informe sobre la tierra: "La tierra que atravesamos y exploramos devorará a todo aquel que vaya a vivir allí. ¡Todos los habitantes que vimos son enormes! Hasta había gigantes, los descendientes de Anac. ¡Al lado de ellos nos sentíamos como saltamontes y así nos miraban ellos!".[102]*

Los descendientes de los hijos caídos de Dios y las mujeres de la tierra se habían infiltrado en la tierra de Canaán según lo previsto, y eran tan enormes que su tamaño causó profundo temor en los corazones de Israel. Cegados, los israelitas declararon que lo que Dios había prometido no podría lograrse. Del mismo modo que se echaron atrás en el Monte Sinaí, otra vez se negaron a acercarse al Señor. Su falta de visión y confianza les costaría cuarenta años en el desierto.

Órdenes Divinas: *Busca y Destruye*

Los huérfanos, los que funcionan de acuerdo con el espíritu de esclavitud, no creen que Dios los ama o que Él quiere darles una herencia (algo tangible que ellos no han ganado). La generación de Moisés no confiaba en Dios, aunque Él había realizado grandes milagros en Egipto en su nombre y abrió el Mar Rojo durante el Éxodo.

Después de cuarenta años de limpiar a los israelitas de su mentalidad de esclavos, Dios les dio las órdenes de marchar más duras imaginables. ¡Antes de que entres en la tierra prometida, busca a los gigantes de las naciones vecinas y destrúyelos completamente!

> *¡Escucha, Israel! Hoy estás a punto de cruzar el río Jordán para tomar posesión de la tierra que pertenece a naciones más grandes y más poderosas que tú. ¡Viven en ciudades con murallas que llegan hasta el cielo! Los habitantes son altos y fuertes, son descendientes de los famosos gigantes anaceos. Has escuchado que se dice: "¿Quién puede hacer frente a los anaceos?". Pero reconoce hoy que el Señor tu Dios es el que cruzará delante de ti como un fuego devorador para destruirlos. Él los subyugará para que los conquistes rápidamente y los expulses enseguida, tal como el Señor te prometió.[103]*

Josué y una nueva generación de israelitas que habían sido libres del espíritu de esclavitud se prepararon para entrar en la tierra de Canaán.

Correlación Contemporánea:

El 2 de mayo del 2011, Osama Bin Laden el fundador y jefe del grupo militante al-Qaeda fue asesinado en Pakistán por las fuerzas especiales de los Estados Unidos[104] Antes de que se hiciera oficial el anuncio de la muerte de Bin Laden, los rumores se extendieron rápidamente a través de los medios de comunicación que llegó a grandes multitudes que se reunieron fuera de la Casa Blanca, la Zona Cero, el Pentágono y Times Square para celebrar.

Al igual que Osama Bin Laden, los descendientes de los hijos caídos de Dios y las mujeres de la tierra (conocidos como los Nephilim, Anakim y Rephaim) eran agentes de gran maldad[105] quienes perpetuaron terribles actos de violencia contra la nación de Israel, así como contra cualquiera que los apoyara. Las órdenes de Dios para matar y destruir estos gigantes esclavos no eran las órdenes de un Dios cruel que quiso asesinar a personas inocentes; pero las órdenes de un Dios justo, recto y benevolente que tenía la intención de proteger a su pueblo y traer al Segundo Adán para herir la cabeza de la serpiente.

Jericó: *La Ciudad de la Luna*

Cuando era niño me encantaba un programa de televisión que trataba de un jugador de billar experto llamado 'Minnesota Fats'. Lo que más disfrutaba de Rudolph Wanderone[106], Fats su nombre real, era que él había perfeccionado la capacidad de posicionar estratégicamente la bola blanca después de hacer una gran tiro para poder hacer otro gran tiro. Al igual que Fats, Dios 'estratégicamente' posicionó a su pueblo en las llanuras de Jericó para su próximo movimiento.

Cuando entendemos que Jericó fue la sede de la adoración de la luna en Canaán, es fácil ver por qué Dios quería destruirla. El plan de Dios era estratégico: eliminar al principal centro de poder demoníaco en la tierra, y todas las otras ciudades en Canaán y después caerían como fichas de dominó. La destrucción de Jericó era tan vital para la conquista futura de Canaán que Dios envió al comandante general del ejército, al ejército del Señor para ayudar a Israel a tomar la ciudad.

Cuando Josué estaba cerca de la ciudad de Jericó, miró hacia arriba y vio a un hombre parado frente a él con una espada en la mano. Josué se le acercó y le preguntó: — ¿Eres amigo o enemigo? —Ninguno de los dos —contestó—. Soy el comandante del ejército del Señor. Entonces Josué cayó rostro en tierra ante él con reverencia. — Estoy a tus órdenes — dijo Josué ¿Qué quieres que haga tu siervo? El comandante del ejército del Señor contestó: — Quítate las sandalias,

> *porque el lugar donde estás parado es santo. Y Josué hizo lo que se le indicó.*[107]

Jericó fue la primera ciudad que los israelitas conquistaron. ¿Por qué? Había dos razones: En primer lugar, Jericó fue la puerta de entrada oriental a Israel, y de acuerdo a Ezequiel 43:1-4, la Gloria de Dios se eleva por primera vez en el Este. En segundo lugar, 'Jericó' o 'La Ciudad de la Luna'[108] significaba que Jericó fue el centro espiritual para la adoración de las estrellas en la tierra de Canaán. El dios de la luna masculina, Yerah, era el dios principal del panteón cananeo y la diosa-sol, Shamash, era su consorte. Más tarde, los nombres de estos dioses de la luna se cambiarían a Baal y Astarot.[109]

El Manto Babilónico:

Tras la caída de los muros de Jericó[110] los israelitas destruyeron todo lo que había en la ciudad, incluyendo todos los hombres, mujeres y niños, excepto

Rahab y su familia.[111] Dirigidos por Dios, quemaron la ciudad de Jericó por completo. La primera fase de la conquista de Canaán estaba completada.

Cabalgando alto después de la victoria sobre Jericó, Josué envió 3.000 hombres a atacar la ciudad de Ai.[112] Pero, para su gran sorpresa, en lugar de tomar la ciudad fueron gravemente derrotados. Josué 7: 10-12 explica por qué:

> *Pero el Señor le dijo a Josué: — ¡Levántate! ¿Por qué estás ahí con tu rostro en tierra? ¡Israel ha pecado y ha roto mi pacto! Robaron de lo que les ordené que apartaran para mí. Y no solo robaron sino que además mintieron y escondieron los objetos robados entre sus pertenencias. Por esa razón, los israelitas huyen derrotados de sus enemigos. Ahora Israel mismo será apartado para destrucción. No seguiré más con ustedes a menos que destruyan esas cosas que guardaron y que estaban destinadas para ser destruidas.*

¿Cuáles fueron las cosas que estaban bajo maldición? Josué 7:21 menciona tres elementos que Acán había codiciado para sí mismo; un manto babilónico, doscientos siclos de plata, y un lingote de oro que pesaba cincuenta siclos. Es difícil imaginar por qué el Señor había visto una prenda sencilla y algunos metales preciosos con maldición, pero más de un estudio revela que no fueron los metales preciosos que enojaron al Señor, pero si el manto babilónico.

Cuando Moisés, junto con los ancianos de Israel, entregó los mandamientos de Dios a la gente, él delineó claramente las maldiciones que vendrían sobre ellos si optaban por no caminar en Su camino.[113] La escritura es clara al decir que Dios no ignora esa conducta pecaminosa:

> *No se dejen engañar: nadie puede burlarse de la justicia de Dios. Siempre se cosecha lo que se siembra.[114]*

¿Por qué una prenda aparentemente inofensiva de Babilonia puede ser tan ofensiva para Dios, tanto que Él quitaría su protección de su pueblo y permitiría que sean derrotados? La respuesta puede ser rastreada hasta la nación de Babilonia.

Babilonia fue fundada por Nimrod, el bisnieto de Noé, [115] y el nombre, 'Babilonia' significa 'puerta de entrada de dios.[116] Siglos después, Taré, el padre de Abraham trasladó a su familia a una ciudad llamada Ur, también conocida como 'la ciudad de las lunas'.[117] Más tarde, Taré desarraigó a su familia de Ur y se estableció en Harán, el sitio del templo del dios-luna Sin.[118]

Al igual que el ídolo del becerro en el Monte Sinaí, el símbolo principal del dios de la luna Sin era un toro con una media luna horizontal de la luna naciente colocada entre sus cuernos.[119] Abram, quien más tarde sería llamado Abraham, había sido por largo tiempo residente de Babilonia, queriendo decir con esto que él mismo había sido un adorador de la luna.[120]

La línea generacional de Israel tenía sus raíces en la adoración de la luna. A lo largo de su historia, el pueblo de Dios fue atraído por la influencia seductora de la adoración celestial. Esta es la razón por el cual Moisés advirtió a los israelitas que no adoraran al sol, la luna o a las estrellas [121] y por qué el Señor designó la destrucción de Jericó y de todas sus cosas que estaban bajo maldición.

Acán no hizo caso a la orden de Dios de mantenerse lejos de los artículos de maldición de Jericó.[122] Como consecuencia, los israelitas fueron derrotados en Ai.

10

CAPÍTULO DIEZ

Relevancia Generacional de los Hijos Caídos de Dios en Israel

David y Goliat:

El relato de David y Goliat es ampliamente conocido y aceptado como una de las grandes historias de todos los tiempos. Goliat, como la mayoría lo sabe, era un guerrero filisteo de enorme fuerza y tamaño.[123] Pero lo que muchos no saben es que Goliat era un Anakim - una mezcla híbrida de hombre y un elohim o 'hijo caído' de Dios.[124]

El nombre 'Goliat' tiene dos significados posibles: primero, puede significar descubrir, remover o exiliarse. También se puede definir como la revelación de una persona, un secreto o un mensaje.[125] Basados en la segunda definición, ¿es posible que hayamos visto a Goliat solo como el gigante filisteo muerto por David y nos hayamos perdido una revelación mayor?

1 Samuel 17:54 nos dice que después de que David mató a Goliat tomó la cabeza y se la llevó a Jerusalén. *'Yara'*, de la cual la primera

mitad de la palabra 'Jerusalen' deriva, significa echar, dirigir o instruir como en 'el camino que atravesar'. Y 'Shalem', la segunda parte de la palabra 'Jerusalén', significa estar completo; hacer las paces; restituir o restaurar.[126] Cuando 'Yara' y 'Shalem' se unen, ellas comprenden la palabra *'Yrn-sha-lah-Yim'*, es decir, el lugar donde Dios le informa a la humanidad que Él ha hecho un camino para que ellos sean restaurados a Él a través del Segundo Adán-Jesucristo.[127]

La tradición judía nos dice que después de que David trajo la cabeza de Goliat a Jerusalén la enterró en el Gólgota- el 'lugar de la calavera'. ¿Es posible que el cráneo de Goliat esté enterrado en el Gólgota? ¿Y qué relación, si acaso la hay, tiene esto con Goliat un 'hijo caído de Dios'?

Jesús vino y cumplió lo que el primer Adán falló en hacer - Derrotó a los enemigos de Dios en las puertas del Hades.[128] No es coincidencia que David derrotó al archienemigo de Israel mil años antes, recuperó el Arca del Pacto, y enterró la cabeza de Goliat en el lugar exacto donde Jesús restauraría a la humanidad con el Padre.[129]

Patrones Fragmentados:

Un fractal es definido como un 'objeto geométrico cuya estructura básica puede ser subdividida en partes, cada una de las cuales (al menos de forma aproximada) son una pequeña copia del todo.[130] El fundamento fractal define que a un fractal más simplemente como un "... un patrón que nunca acaba".[131]

Desde la ciudad babilónica de Harán, donde Abram adoraba al dios de la luna Sin; al Monte Sinaí, donde los israelitas adoraron al becerro de oro; al Monte de los Olivos en Jerusalén, donde Salomón construyó santuarios paganos para el sacrificio de niños a Quemos y Moloc;[132] el pueblo de Israel rompió el pacto con Dios. Las consecuencias de este pacto rompiéndose en un patrón fractal, ocasionalmente conduciría a la caída de Israel y el exilio a naciones extranjeras.[133]

En un intento por cambiar el rumbo, Dios levantó a profetas como Jeremías para llamar a Su pueblo de regreso a su primer amor y para advertirles de las terribles consecuencias de violar la relación de pacto con Él por otros dioses.[134] Tristemente, este mensaje cayó sobre oídos sordos y el patrón fractal del pacto continuó de una generación a otra.

Los Becerros de Oro:

Cuando la mayoría de la gente rompe el pacto con Dios no están conscientes de las consecuencias de largo alcance de sus acciones. Este fue el caso cuando David tomó la esposa de Urías para sí mismo en un momento de lujuria llena de pasión.[135]

Años más tarde, el hijo de David, Salomón, cayó en las mismas tentaciones sexuales, ¡pero en una escala mucho mayor![136] Su decisión de construir altares para los dioses extranjeros de sus esposas abrió la puerta para que la adoración de Baal echara raíces más profundas en el corazón de Israel.

Después de la muerte de Salomón, su hijo Roboam lo sucedió como rey.[137] Su reinado duró poco, cuando Dios arrebató de él diez de las doce tribus de Israel, confiándolas a un hombre llamado Jeroboam.[138] Temiendo que las diez tribus que ahora gobernaba fueran de regreso a Jerusalén para adorar al Señor, Jeroboam implementó una antigua solución - la adoración de Baal (los becerros de oro):

> *Y dijo Jeroboam dijo en su corazón: "Ahora el reino volverá su corazón a la casa de David: Si estas personas van a ofrecer sacrificios en la casa del Señor en Jerusalén, el corazón de este pueblo se volverá a su señor Roboam rey de Judá, y me matarán y regresaran a Roboam rey de Judá".*

> *Por tanto, el rey pidió consejo, hizo dos becerros de oro, y dijo al pueblo: "Es demasiado para que usted vaya a Jerusalén. Aquí están tus dioses, oh Israel, que te sacó de la tierra de Egipto!"[139]*

La decisión de Jeroboam de poner los becerros de oro en Dan y Bethel[140] rompió el pacto con Dios, preparando el escenario para el levantamiento de Jezabel y los profetas de Baal.

El culto a Baal se menciona por primera vez en la Biblia en el libro de Números 25:1-4 cuando los hombres del campamento de Israel fueron seducidos por mujeres moabitas para participar de la actividad sexual mientras hacían sacrificios a su dios - el Baal Peor. Como consecuencia, los hijos de Israel se unieron en espíritu, alma y cuerpo a las mujeres moabitas y a Baal Peor.

Esto plantea la pregunta: ¿Quién era Baal?

Baal era el nombre del dios supremo adorado en la antigua Canaán y Fenicia. La práctica de la adoración a Baal infiltraron la vida religiosa judía durante la época de los jueces (Jueces 3:7), se expandió en Israel durante el reinado de Acab (1 Reyes 16: 31-33) y también afectaron a Judá (2 Crónicas 28:1-2). La palabra Baal significa 'señor'; el plural es Baalim. En resumen, Baal era el dios de la fertilidad quien se creía permitía que la tierra produjera cultivos y a las personas que tuvieran hijos. El culto a Baal estaba arraigado en la sensualidad e incluía prostitución ritual en los templos. A veces, apaciguar a Baal requería de un sacrificio humano, por lo general el primogénito de quien hacía el sacrificio (Jeremías 19:5)[141]

Baal era, y sigue siendo, el archienemigo del pueblo de Dios. Además de ser sinónimo de Moloc, Baal[142] también fue llamado Apolo, Júpiter, Nimrod y Saturno, solo por nombrar algunos.[143]

Al igual que los reyes que le precedieron, Acab adoró los becerros de oro levantados por Jeroboam; pero con una diferencia importante - se casó con Jezabel, hija de Etbaal rey de la alianza de los Sidonians.[144] La alianza de Acab con el padre de Jezabel, también conocido como el rey de Tiro, [145] provocó gran ira de Dios que Él decretó una hambruna nacional sobre Israel a través del profeta Elías.[146] El juicio de Dios cayó sobre la tierra porque Acab había abierto las puertas espirituales de Israel a la influencia demoníaca de Baal a un nivel no visto antes.

El nombre de Jezabel significa, '¿Dónde está el príncipe?' Era un 'grito ritual' de las ceremonias de adoración que honraban a Baal, el Príncipe del Inframundo.[147] Durante su mandato como la 'Primera Dama' de Israel Jezabel intentó matar a los profetas de Dios, mientras que levantaba 450 profetas de Baal y 400 profetas de Asera.[148]

Confrontación Divina:

En 2008 mi hijo mayor, Jordan, y yo visitamos Israel. Uno de los lugares que más queríamos visitar era el Monte Carmelo, el sitio donde el profeta Elías derrotó a los profetas de Baal y Asera.[149] Baal, la deidad suprema de los pueblos cananeos, era adorado por un solo objetivo primordial - la lluvia. Debido a que Israel era, y sigue siendo hoy en día, una tierra árida, la lluvia era crucial para una tener una buena cosecha. En 1 Reyes 17:1 vemos que Elías decretó que no habría lluvia y la lluvia se detuvo, preparando el escenario para un enfrentamiento entre los seguidores de Jezabel y Elías. En una impresionante demostración del poder divino, el fuego de Dios cayó sobre el altar que Elías había construido estableciendo la supremacía del Señor sobre Baal.[150]

Poco después, Dios liberó los cielos y los 3 años y medio de sequía terminaron.[151] El culto a Baal fue impulsado por la inmoralidad sexual desenfrenada y el sacrificio de niños. Cuando estos dos elementos que rompieron el pacto fueron quitados del pueblo de Dios, Su bendición fue restaurada.

Sanando la Tierra:

Desde el principio, hemos intentado establecer la evidencia bíblica e histórica que apoya la teoría de que los hijos caídos de Dios se infiltraron en la tierra de Canaán, tanto física como espiritualmente para contaminar el patrimonio genético de Israel, traer guerra con su pueblo, y bloquear la venida del Mesías. También hemos mantenido que Satanás era, y es un hijo caído de Dios, quien convenció a otros hijos de Dios para aparearse con las mujeres de la tierra.

Michael Heiser, consultor para el Software Bíblico Logos, dice que la palabra hebrea para tierra es 'eres' que se traduce también en ciertos contextos de la Biblia como 'Seol' o 'el Inframundo'[152] Isaías 14: 12-15 (NTV) agrega que la estrella de la mañana, identificada como Lucifer, una vez trató de exaltar su propio trono, por encima de las estrellas de Dios, pero Dios lo arrojó a la tierra (al inframundo).

Si Satanás es un hijo caído de Dios y fue arrojado a la tierra para gobernar el Inframundo, entonces es claro que su estrategia era luchar contra Israel en la tierra a través de los dioses las naciones vecinas.[153]

Antes de entrar en la Tierra Prometida, Moisés dejó bien claro que si los israelitas sucumbían a las prácticas sexuales de los cananeos y sacrificaban a sus hijos en el fuego de Moloc, ¡Dios los expulsaría del pueblo de Israel!

> *No se contaminen con ninguna de estas prácticas, porque los pueblos que estoy expulsando delante de ustedes se contaminaron haciendo todas esas prácticas. Debido a que toda la tierra se ha contaminado, voy a castigar a los pueblos que viven en ella. Haré que la tierra los vomite. Ustedes deberán obedecer todos mis decretos y ordenanzas. No deben cometer ninguno de estos pecados detestables. Esto es aplicable tanto para los israelitas de nacimiento como para los extranjeros que viven entre ustedes. Todas estas actividades detestables las practican los pueblos de la tierra adonde los llevo, y de esta manera la tierra se contaminó. Así que no contaminen la tierra ni le den motivos para que los vomite de ella, así como vomitará a los pueblos que viven allí ahora.*
> *154*

Cuando una generación sacrifica sus hijos a cambio de protección, prosperidad o por conveniencia propia, se abre la puerta para que el espíritu de muerte destruya las generaciones futuras. Del mismo modo, cuando una generación condena y práctica formas aberrantes de sexualidad fuera del pacto del matrimonio, contamina a las generaciones futuras y abre la puerta al espíritu de rebelión.

11

CAPÍTULO ONCE

Relevancia Generacional de los Hijos de Dios Hoy

Recibí un correo electrónico a principios del 2013 de parte del Doctor Paul Cox que ofrecía un entendimiento profundo respecto Malaquías 4: 5-6, que dice:

> *Miren, les envío al profeta Elías antes de que llegue el gran y terrible día del Señor. Sus predicaciones harán volver el corazón de los padres hacia sus hijos y el corazón de los hijos hacia sus padres. De lo contrario, vendré y haré caer una maldición sobre la tierra.*

El Dr. Paul escribió:

> *"Es la intención del Señor que las relaciones sexuales entre dos personas estén dentro de la alianza y la seguridad del matrimonio. En ese momento la persona ya no estará más bajo la autoridad de su padre y de su madre y se unirá a su cónyuge. Este es un principio espiritual que afecta el espíritu, alma y cuerpo de la persona. Por el contrario, si las relaciones sexuales ocurrieron entre dos individuos mientras estaban todavía bajo el techo de sus padres, la persona del mismo modo ya no estaría bajo la autoridad de sus padres y se unirá a su pareja. Como resultado, el individuo tendría motivos para rebelarse contra la autoridad de sus padres, ya que su espíritu reconocerá que se unió a*

> *otra persona. ¿Elías viene para hacer volver los corazones de los hijos a los corazones de sus padres y viceversa para hacer frente a este problema?"*

Cuando el espíritu de Elías sobrenaturalmente vuelva el corazón de los padres hacia los hijos y viceversa, será mucho más que un acto de reconciliación. Cuando la profecía de Malaquías 4:5-6 entra en efecto, un irrumpimiento espiritual ocurre que elimina de la línea generacional de una persona, el fango tóxico de Moloc y Baal como también el espíritu de brujería que fue resultado de rebelarse contra la autoridad de sus padres. Lucas 1: 15-17 confirma esto:

> *Porque él (Juan el Bautista) será grande a los ojos del Señor. No deberá beber vino ni ninguna bebida alcohólica y será lleno del Espíritu Santo aun antes de nacer. Y hará que muchos israelitas vuelvan al Señor su Dios. Será un hombre con el espíritu y el poder de Elías; preparará a la gente para la venida del Señor. Inclinará el corazón de los padres hacia los hijos y hará que los rebeldes acepten la sabiduría de los justos.*

¿Es posible que cuando los padres se arrepienten ante sus hijos por sus propios pecados sexuales, a esto le seguirá el avivamiento? Si es así, esto significa que los padres necesitarán tener un diálogo abierto y honesto acerca de su pasado sexual. Cuando el espíritu de Elías se mueve, Dios comenzará a sanar la tierra.

Los Toros de Basan:

En la sección titulada 'Poseyendo las Puertas', me referí brevemente a la declaración de Jesús en Cesárea de Filipo que las puertas del Hades no prevalecería contra la iglesia, y los toros a los que el salmista se refiere en el Salmo 22:12-13 eran los Rephaim o espíritus de los muertos de los principales líderes de la tierra.[155]

La palabra hebrea 'repai'm' se traduce como fantasmas de los muertos; sombras; los hundidos o los que moran en el infierno:[156, 157]

> *Infierno (Seol) está entusiasmado con usted, para encontrarlo en su venida; que despertará a los muertos (Rephaim) por usted, todos los*

príncipes de la tierra; se ha levantado de sus tronos, todos los reyes de las naciones. Todos hablan y dicen: "¿Te has vuelto tan débil también como nosotros? ¿Ha llegado a ser como nosotros? Tu pompa es derribada al Seol, y el sonido de sus instrumentos de cuerda; el gusano se extiende debajo de ti, y los gusanos le cubren." [158]

Cuando la Biblia hebrea fue traducida al griego en la antigua Alejandría alrededor del 200 AC, la palabra 'Hades' (el Inframundo griego) fue sustituido por Seol.[159] Cuando Jesús llegó a Cesárea de Filipo, que estaba ubicada en la región de Bazán, y declaró que las puertas del Hades no prevalecerían contra la iglesia, Él estaba diciendo que los Rephaim que vivieron en el infierno (Hades o Seol) no serían capaces de detener el avance de su iglesia.

En su artículo, "La Nachash y su simiente," Michael Heiser revela el significado de la palabra Bazán:

La palabra 'Bazán' se deletrea 'Batham' que significa 'serpiente' - Bazán era el 'lugar de la serpiente'.[160]

Esto nos lleva al punto de partida en Génesis 3:14-15, donde aprendimos que a la serpiente, o 'nachash' (el adjetivo hebreo para "el que brilla") se le dijo que la semilla de Eva lo heriría en su cabeza.[161]

Si Bazán se traduce como 'serpiente', entonces ¿quiénes son los 'vacas' de Bazán a las que se hace referencia en Amós 4:1? Amos 3:14 nos proporciona la primera pista:

Que en el día que se castigue a Israel por sus transgresiones, también visitarán las destrucciones en los altares de Betel, y los cuernos del altar serán cortados y caerán al suelo.

Amos 8:6 nos da la segunda pista:

Y los que juran por los vergonzosos ídolos de Samaria, los que hacen juramentos en nombre del dios de Dan.

1 de Reyes 12:28-31 nos dice que Jeroboam colocó dos becerros de oro, uno en Betel y otro en Dan:

Luego el rey Roboam envió a Adoniram, quien estaba a cargo del trabajo forzado, a restaurar el orden, pero el pueblo de Israel lo apedreó a muerte. Cuando el rey Roboam se enteró, enseguida subió a su carro de guerra y huyó a Jerusalén. Hasta el día de hoy, las tribus del norte de Israel se han negado a ser gobernadas por un descendiente de David. Cuando los israelitas supieron que Jeroboam había regresado de Egipto, convocaron una asamblea y lo nombraron rey de todo Israel. Así que solo la tribu de Judá permaneció fiel a la familia de David. Cuando Roboam llegó a Jerusalén, movilizó a los hombres de Judá y a la tribu de Benjamín —ciento ochenta mil guerreros selectos— para pelear contra los hombres de Israel y recuperar el reino.

A continuación, en Jueces 18:30-31 revela que la tribu de Dan creó una imagen tallada cuando entraron en la Tierra Prometida:

Luego colocaron la imagen tallada y nombraron como sacerdote a Jonatán, hijo de Gersón, hijo de Moisés. Los miembros de esta familia continuaron siendo sacerdotes para la tribu de Dan hasta el tiempo del destierro. Así que la tribu de Dan rindió culto a la imagen tallada de Micaía todo el tiempo que el tabernáculo de Dios permaneció en Silo.

En Deuteronomio 33:22 nos da la última pista:

Dan es un cachorro de león que salta desde Bazán.

Entonces, ¿qué podemos concluir sobre las vacas de Bazán? Eran los hijos de Dios que demoníacamente sustentaron el culto a Baal en Israel, y eran los poderes espirituales que rodeaban a Jesús mientras colgaba en la cruz, como fue profetizado en el Salmo 22:12-13:

Mis enemigos me rodean como una manada de toros; ¡toros feroces de Bazán me tienen cercado! Como leones abren sus fauces contra mí; rugen y despedazan a su presa.

12

CAPÍTULO DOCE

Los Hijos Revelados de Dios

Toda la Creación Espera:

Pues toda la creación espera con anhelo el día futuro en que Dios revelará quiénes son verdaderamente sus hijos.[162]

En el otoño de octubre del 2001, tomé el avión rumbo a Buenos Aires con un equipo de personas de Hawái, para asistir a la Conferencia Anual de Harvest Evangelism. Durante uno de los descansos de la conferencia fui de compras a la zona comercial de Buenos Aires con dos amigos, en busca de una costosa chaqueta de cuero argentino. Mientras caminaba con mis amigos de tienda en tienda, nos encontramos con una mujer con don profético perteneciente a un ministerio evangelista local.

Después de compartir una palabra de aliento con uno de mis amigos, ella se volvió hacia mí, mientras balancea los brazos hacia atrás y adelante como si estuviera acunando a un bebé y dijo: "¡Tú, tú! ¡Tú eres el bambino (hijo) de Dios! ¡Dios te ama!" Inmediatamente, la presencia de Dios me cubrió como con un manto cálido y las lágrimas corrieron por mi mejilla.

Antes de este encuentro con Dios nunca había tenido la revelación de que yo era el 'bambino' (hijo) de Dios. Mi caminar con Dios había estado lleno de esfuerzo y estaba basado en el desempeño, lo que me llevó sólo a consumirme y fatigarme. En medio de este tipo espiral, mi Padre Celestial amablemente me reveló que ¡yo era su hijo amado!

Antes de la caída, Adán y Eva experimentaron lo que significaba ser hijo e hija de Dios, ya que disfrutaban del resplandor, del afecto siempre presente de su Padre. Adrede, Satanás atrajo a Adán y Eva lejos de la seguridad de los amorosos brazos de su Padre y los convenció de comer del árbol del conocimiento del bien y del mal. Inmediatamente, tres cambios se produjeron: primero, que se distanciaron del Padre, su mirada se desvió de mirarlo a Él a mirarse a sí mismos. Segundo, perdieron el conocimiento empírico del abrazo de Dios – de que eran Sus hijos preciosos.[163] Y en tercer lugar, se distanciaron de los reinos celestiales y perdieron de vista su posición sobrenatural, que originalmente Dios les dio a ellos como hijos de Dios.

Efesios 1:3-6 explica que aunque el pecado alteró la relación de la Primera Pareja con Dios, su situación o posición con Él no cambió:

> *Toda la alabanza sea para Dios, el Padre de nuestro Señor Jesucristo, quien nos ha bendecido con toda clase de bendiciones espirituales en los lugares celestiales, porque estamos unidos a Cristo. Incluso antes de haber hecho el mundo, Dios nos amó y nos eligió en Cristo para que seamos santos e intachables a sus ojos. Dios decidió de antemano adoptarnos como miembros de su familia al acercarnos a sí mismo por medio de Jesucristo. Eso es precisamente lo que él quería hacer, y le dio gran gusto hacerlo. De manera que alabamos a Dios por la abundante gracia que derramó sobre nosotros, los que pertenecemos a su Hijo amado.*

La NVI (Nueva Versión Internacional) explica en Efesios 1:5 la adopción de hijos por medio de Jesucristo. La palabra griega para adopción es 'Huiothesia',[164] y se traduce mejor como 'filiación', en referencia a la posición de un hijo que tiene los derechos y privilegios de una herencia.[165] Sin embargo, Huiothesia se interpreta por la mayoría de los traductores de la Biblia como la adopción como hijos, en el sentido de que nos convertimos en hijos una vez que hemos recibido a Jesús en nuestros corazones (en contraposición a haber sido siempre hijos).

Siempre hemos sido y siempre seremos hijos e hijas de Dios. Esta ha sido nuestra posición, o situación, como fue predeterminados por el Padre desde antes de la fundación del mundo. Somos hijos, pero todavía tenemos que llegar a ser hijos de Dios por medio de recibir a Jesús en nuestro corazón.

> *Pero todos los que le recibieron, les dio la potestad de ser hechos hijos de Dios, a los que creen en su nombre.*[166]

El condición de hijo es un estado de posición no de salvación.[167] Estamos reconciliados con el Padre cuando recibimos el Hijo. El ser hijos nos concede la autoridad para soltar el Reino de Dios en la tierra.[168]

Romanos 8:19 nos dice que toda la creación, la tierra, espera con expectativa el día futuro en que Dios revelará quiénes son verdaderamente sus hijos. La palabra griega para 'expectante' es 'apokaradokia', que significa 'esperar con la cabeza levantada y la mirada fija en ese punto del horizonte desde el cual el objeto esperado está por venir'. Esta definición representa a la creación, como si estuviera en puntas de pie y que espera con impaciencia que el pueblo de Dios abrace su posición, autoridad y privilegios como fue predeterminado para los hijos e hijas de Dios.[169]

Cuando recibimos al Hijo de Dios en nuestros corazones, no sólo llegamos a ser hijos de Dios, sino que también volvemos a activar nuestros derechos del reino y privilegios como los hijos de Dios que nos fueron otorgados antes de la fundación del mundo. Muchos de nosotros sabemos que somos hijos de Dios, pero pocos de nosotros sabemos que somos hijos e hijas.

Visitemos nuevamente Romanos 8:14-17, 19:

> *Pues todos los que son guiados por el Espíritu de Dios son hijos de Dios. Y ustedes no han recibido un espíritu que los esclavice al miedo. En cambio, recibieron el Espíritu de Dios cuando él los adoptó como sus propios hijos. Ahora lo llamamos "Abba, Padre". Pues su Espíritu se une a nuestro espíritu para confirmar que somos hijos de Dios. Así que como somos sus hijos, también somos sus herederos. De hecho, somos herederos junto con Cristo de la gloria de Dios... Pues toda la creación espera con anhelo (se inclina) el día futuro en que Dios revelará quiénes son verdaderamente sus hijos (hijos e hijas).*

Estamos a Punto de Ser Revelados:

La palabra griega para 'revelar' es 'apokalupsis', significa simplemente revelación. También se puede traducir como aparición, venida, iluminar, poner al desnudo o al descubierto.[170] Apokalupsis tiene que ver con la exposición de algo que se ha ocultado a la vista, o traer a la luz aquello que había mantenido en la oscuridad. En este pasaje, es evidente que lo que se ha escondido y se mantiene en la oscuridad ¡son los hijos de Dios! La revelación de la filiación se ha ocultado de la iglesia, pero esto está a punto de cambiar.[171]

Los Hijos de Dios:

¿Qué significa el título de 'hijos de Dios'? Para la palabra 'hijos', Pablo escogió la palabra griega 'huios' en lugar de la palabra 'brephos"(que significa niño) o 'teknon' (que describe a un adolescente). Los 'huios' son maduros, hijos totalmente desarrollados que han llegado a una edad de plena madurez. La manifestación de los hijos de Dios no será al descubrimiento de los hijos de Dios como niños (*brephos*), o como adolescentes (*teknon*), sino como aquellos que han llegado a la plena estatura de Cristo.[172]

También hay que señalar que 'hijos de Dios' no es un término específico de género, y las mujeres también son 'hijos' y disfrutan de la 'filiación'. Esto es sólo para aclaración en el clima políticamente-correcto de nuestra cultura, que a menudo decimos, "hijos e hijas".

Identidad de Hijos:

Como se señaló anteriormente, la palabra griega para filiación, 'huiothesia', significa 'Posición de Hijo', indicando el momento en que un hijo varón llega a lo que se considera la edad de madurez (alrededor de los 30's). En este momento, el padre del joven pone su mano sobre la cabeza de su hijo y abiertamente proclama: "¡Este es mi hijo amado, en quien tengo complacencia! Repose sobre él ahora todas mis riquezas, poder y autoridad para que pueda actuar en mi nombre en todos mis asuntos."[173] ¿No es interesante que estas sean las mismas palabras dichas a Jesús por el Padre después de Su bautismo? [174]

El Quíntuple:

Efesios 4:11-13 nos dice cómo el Señor planea llevar a los hijos de Dios (que somos nosotros) a la madurez:

> *Ahora bien, Cristo dio los siguientes dones a la iglesia: los apóstoles, los profetas, los evangelistas, y los pastores y maestros. Ellos tienen la responsabilidad de preparar al pueblo de Dios para que lleve a cabo la obra de Dios y edifique la iglesia, es decir, el cuerpo de Cristo. Ese proceso continuará hasta que todos alcancemos tal unidad en nuestra fe y conocimiento del Hijo de Dios que seamos maduros en el Señor, es decir, hasta que lleguemos a la plena y completa medida de Cristo.*

Los cinco ministerios de la iglesia (Apóstoles, Profetas, Evangelistas, Pastores y Maestros) se han dado a la familia de Dios para edificar la iglesia hasta que:

1. Estemos unificados
2. Entendamos como funcionar como hijos como el Hijo de Hombre
3. Seamos maduros

Ahora más que nunca antes nos hemos estado juntando para orar por nuestras ciudades, estados y naciones, así como el Señor nos ha estado uniendo sobrenaturalmente. Segundo, Dios ha estado transformando al cuerpo de Cristo de una orfandad a una familia de hijos e hijas. Esta ha sido la fase más difícil del plan maestro de

Dios para nosotros, el madurar, porque hemos tenido que superar los dolores y las heridas de nuestra infancia y perseverar a través de nuestras pruebas y desafíos.

Madurez:

Es el deseo de Dios el revelarnos como Sus maduros hijos e hijas. Esto plantea dos preguntas importantes; ¿qué es la madurez, y cómo sabremos cuando estamos maduros?

En Juan 5:19 Jesús dijo,

> *Entonces Jesús explicó: "Les digo la verdad, el Hijo no puede hacer nada por su propia cuenta; solo hace lo que ve que el Padre hace. Todo lo que hace el Padre, también lo hace el Hijo".*

Compartí anteriormente que la filiación, o Huiothesia, significa la posición como hijo, que indica el momento en que un padre romano ha otorgado a su hijo toda su riqueza, el poder y la autoridad para que pudiera actuar en su nombre en relación con todos sus asuntos. Cuando Jesús ministró al pueblo judío lo hizo como un Hijo llevando a cabo los negocios de Su Padre. En Juan 4:34 Jesús dijo:

> *"Mi alimento consiste en hacer la voluntad de Dios, quien me envió, y en terminar Su obra".*

La señal de que un creyente es espiritualmente maduro es que él (o ella) desea, más que nada, hacer la voluntad de Su Padre Celestial.

Esto plantea otra pregunta: ¿Cómo sabemos lo que el Padre está haciendo para ser capaces de llevar a cabo Su voluntad? La respuesta la podemos encontrar en Hebreos 5:14:

> *El alimento sólido es para los que son maduros, los que a fuerza de práctica están capacitados para distinguir entre lo bueno y lo malo.*

El alimento sólido, hacer la voluntad de Dios, es para los maduros porque saben discernir lo que el Padre está haciendo y se unen a Él.

¡Tiempos emocionantes están por venir!

El Padre nos está llevando a la transición de la adolescencia hacia la madurez, soltando el don de discernimiento en un medida mucho mayor para que podamos saber lo que Él está haciendo y hacer las obras mayores que Jesús habló en Juan 14:12,

> *"Les digo la verdad, todo el que crea en mí hará las mismas obras que yo he hecho y aún mayores, porque voy a estar con el Padre".*

Como la temporada de adolescentes está acercándose a su fin, determinémonos en nuestros corazones movernos de las heridas de nuestra infancia (ira, rechazo, vergüenza, etc.) para que el Padre puede derramar sobre nosotros las bendiciones multiplicadas de ser hijos (autoridad, poder, recursos celestiales) que Él predestinó para nosotros desde antes de la fundación del mundo, y ¡cumplamos la Gran Comisión!

> *Toda la alabanza sea para Dios, el Padre de nuestro Señor Jesucristo, quien nos ha bendecido con toda clase de bendiciones espirituales en los lugares celestiales, porque estamos unidos a Cristo. Incluso antes de haber hecho el mundo, Dios nos amó y nos eligió en Cristo para que seamos santos e intachables a sus ojos. Dios decidió de antemano adoptarnos como miembros de su familia al acercarnos a sí mismo por medio de Jesucristo. Eso es precisamente lo que él quería hacer, y le dio gran gusto hacerlo. De manera que alabamos a Dios por la abundante gracia que derramó sobre nosotros, los que pertenecemos a su Hijo amado.*[175]

13

CAPÍTULO TRECE

La Puerta Principal

Dos Huracanes:

El huracán Isela fue el ciclón tropical más fuerte que tocó tierra en la Isla Grande de Hawái en su historia. La undécima tormenta de la temporada anual de huracanes en el 2014, Isela se desarrolló de una zona de clima perturbado en el suroeste de México el 31 de julio, y un continuo fortalecimiento fue progresando durante varios días hasta el 4 de agosto, cuando Isela alcanzó su máxima intensidad, con vientos máximos sostenidos de 225 km/h, haciéndolo un huracán de categoría 4. A medida que Isela se acercó a las islas de Hawái, se encontró con condiciones ambientales hostiles causando que la tormenta se debilitara rápidamente antes de tocar tierra en la Isla Grande el 7 de agosto, como una tormenta tropical moderada.[176]

Algo de especial interés sobre esta tormenta era su nombre y en el tiempo en que arribó. 'Isela' tiene dos significados posibles: la primera definición es de origen hebreo y significa 'dedicado a Dios'.[177] La otra definición es de origen turco, que significa 'luz de luna', 'rayo de luna' o 'como una luna'.[178]

Como se señaló en un capítulo anterior, Jericó, la ciudad de la luna, era el centro de la alabanza de la luna en Canaán cuando los israelitas entraron en la Tierra Prometida. Con esto en mente, el tiempo de la llegada de Isela era intrigante, ya que llegó más de un mes antes de una gran conferencia de la juventud en Honolulu que iba a abordar la cuestión de la pureza sexual. Entonces, ¿cuál era el punto en esto? Isela era una señal clara sobre la intención de Dios para hacer frente a Moloc (simbolizado por la luna) y Baal (el hijo caído de Dios detrás de la impureza sexual).

Una segunda tormenta, Julio, le siguió a Isela; amenazando a Hawái por primera vez con un huracán a tras de otro. El nombre 'Julio' es de origen español y significa 'barba ligera, pelo suave, que implica juventud', y se utiliza generalmente como nombre de niño.[179]

¿Podría ser que dos huracanes, uno que simboliza la luna y el otro simbolizando la juventud, fueran enviados por Dios para predecir lo que venía? Preguntándome a mí mismo, contacté a varias personas que yo sabía que tenía una reputación aprobada en cuanto a escuchar la voz de Dios, y les pedí que buscaran al Señor con respecto a los dos huracanes que se estaban dirigiendo hacia Hawái.

En respuesta a mi pregunta, un intercesor profético llamado Persis Tiner le reenvió un poema profético al Dr. Paul Cox, quien luego me lo pasó a mí. Al leer el poema, me dije a mí mismo: "¡No te puedes inventar esto!"

> *Huracanes, Huracanes*
> *Los vientos están soplando*
> *Arrepiéntanse; arrepiéntanse*
> *Porque el tiempo llegó*
> *Para la limpieza y la vida*
> *No más suciedad de una vida adúltera*
> *Mi llamado es por la pureza*
> *Una limpieza debe venir*
> *Hazlo antes de que venga la calamidad.*

Persis luego agregó: "No puedo poner mi dedo en un nombre específico para el arrepentimiento, pero es posible que tenga que ver con el concepto de la vida familiar. Quizá Rob tendría una mejor idea, y por supuesto, yo podría estar equivocado".

La Puerta de la Familia:

En los últimos años ha habido mucha controversia acerca de las puertas del mercado (por ej: la puerta del gobierno, de los medios de comunicación, de la religión, de la educación; de la juventud, de los negocios, etc.) y las Siete Montañas.[180] Esta revelación ha dado a luz muchos ministerios a nivel local, nacional y alrededor del mundo y el Cuerpo de Cristo se ha dado cuenta en mayor medida que el ministerio no está confinado a las cuatro paredes de la iglesia.

Obviamente, hay una puerta que es fundamental para todas las otras puertas – la puerta de la familia. La inestabilidad en nuestros hogares durante nuestra infancia ha llevado a la inestabilidad en nuestras vidas en el futuro, a menudo limitando nuestra capacidad para alcanzar nuestro potencial dado por Dios y la función como hijos e hijas de Dios. Malaquías 4: 5-6 explica que el espíritu de Elías viene a hacer frente a este problema fundamental.

> *Miren, les envío al profeta Elías antes de que llegue el gran y terrible día del Señor. Sus predicaciones harán volver el corazón de los padres hacia sus hijos y el corazón de los hijos hacia sus padres. De lo contrario, vendré y haré caer una maldición sobre la tierra.*

La Tarea de Elías:

No es casualidad que el Antiguo Testamento cierra diciendo que Dios enviaría a Elías para volver los corazones de los padres hacia los hijos, y viceversa, para preparar a la iglesia para el Mesías. En el Nuevo Testamento se nos informa en Mateo 17:11-12 que muchos individuos que están dotados con el espíritu de Elías vendrán a preparar a la iglesia para el avivamiento y la Segunda Venida de Cristo.

Jesús respondió y les dijo, "Es cierto que Elías viene primero a fin de dejar todo preparado. Pero les digo, Elías ya vino, pero no fue reconocido y ellos prefirieron maltratarlo. De la misma manera, también harán sufrir al Hijo del Hombre".

¿Cuál es la Tarea de Elías?

1. El espíritu de Elías sopla vida sobre la siguiente generación.[181]

2. El espíritu de Elías enfrenta y destruye las estructuras impías de adoración a Baal en la tierra.[182]

3. El espíritu de Elías despeja los obstáculos y escollos (dolores y heridas) del pueblo de Dios para que puedan salir de su cautividad.[183]

4. El espíritu de Elías facilita la sanidad sobrenatural entre los padres y los hijos.[184]

5. El espíritu de Elías hace que las personas que no están obedeciendo a Dios, cambien su caminos.[185]

14

CAPÍTULO CATORCE

La Fortaleza de la Orfandad

Una Palabra a Tiempo:

El 8 de Septiembre, cuatro días antes de dar comienzo de nuestra conferencia de pureza, alguien publicó la siguiente palabra de Chuck Pierce en Facebook:

> Estoy enviando Mi presencia a los corazones oscuros del cautiverio donde los Baales, y Astarots han gobernado. Haré que la cabeza de todo esto, que ha estado reteniendo Mis campos de cosecha se rompa, caiga y ruede. Los jefes de gobierno están cambiando. Yo estoy causando que Mi presencia destrone a aquel que ha estado gobernando los pensamientos de Mi pueblo. En medio de tiempos peligrosos, clamen porque Mi presencia inunde lo que ha estado cautivo y vean caer la cabeza del enemigo.

Destruyendo a Baal:

Como dijimos en un capítulo anterior Baal era, y continúa siendo en la actualidad, el gobernante demoníaco o hijo caído de Dios que busca destruir las familias a través del rompimiento del pacto (perversión sexual). En la noche del 12 de septiembre del 2014 celebramos nuestra primera conferencia anual de la pureza. Un total de más de 750 padres de familia y estudiantes de secundaria, se reunieron, de 50 iglesias de Oahu en First Assembly of God Red Hill en Honolulu, buscando aprender cómo lidiar con los problemas sexuales que enfrentan nuestra juventud. Al cierre del primer servicio 250 padres se arrodillaron frente a 500 jóvenes y se arrepintieron delante de Dios y de ellos por haber tenido relaciones sexuales antes del matrimonio y llevarlos a la impureza. En respuesta, los jóvenes se arrodillaron delante de nosotros y se arrepintieron de sus pecados sexuales.

Tres días después de la conferencia, los informes comenzaron a fluir de diversas fuentes de que los padres y sus hijos adolescentes se habían reconciliado unos con otros con lágrimas en los ojos. Durante nuestro servicio de adoración del domingo de ese mismo fin de semana, un geiser se abrió en el Espíritu, y la gloria de Dios llenó nuestro santuario. La alabanza y la adoración fueron a un nuevo nivel, y ¡el Señor sanó a dos personas instantáneamente de dolencias físicas!

Además de estas excitantes novedades, la lava (¿representando el amor de Dios?) comenzó a fluir por los tubos de lava debajo del Mauna Loa, el volcán activo más grande de Hawái. Al arrepentirnos de nuestros pecados sexuales y volver nuestros corazones a nuestros hijos, y viceversa, ¿es posible que el Señor haya destruido a Baal en los lugares celestiales y haya soltado avivamiento en las islas de Hawái?

¿Qué es lo que está haciendo Dios?

Es el corazón de Dios, no sólo el de sanar nuestras familias (este es el auténtico avivamiento), sino también el de llevarnos a la madurez mediante el equiparnos para las obras del ministerio del reino.[186] La palabra griega para 'equipar' es 'katartizo', que significa 'reparar las redes'. Katartizo es una palabra compuesta, compuesta de 'kata' (abajo) y 'artos' (articulación), y tiene una variedad de significados:

Reparar, restaurar algo viejo y ponerlo en buen estado, preparar, equipar. Se utiliza para reconciliar las facciones, poniendo un miembro dislocado en su lugar, 'arreglar las redes', dotación de una flota, suministro de un ejército con disposiciones adecuadas. La idea básica es "ajustar"; la puesta de todas las partes en la relación y conexión correcta. [187]

El escritor de blogs, Peggy Overstreet, investigo los diferentes significados de Katartizo y posteó lo que encontró: [188]

En Mateo4:21, con respecto a arreglar las redes, la idea es que ellas sean restauradas a su condición original, preparándolas para la pesca del día siguiente, equipándolas para su servicio futuro. En Lucas 6:40, Jesús dice "el alumno que complete su entrenamiento se volverá como su maestro." El enfoque de Jesús en el discipulado está en el equipamiento de los seguidores con carácter. La persona que ha sido equipada para seguir a Jesús es la persona que se ha vuelto como Él. Pablo usó el verbo en un sentido metafórico de "establecer a una persona de la forma correcta, o alinearla" en referencia a la madurez como cristiano. Pablo dice en 1 Corintios 1:10, en lugar de dividirse en camarillas o peleas, los cristianos deben estar "perfectamente unidos en una misma mente y propósito". En 2 Corintios 13: 9 y 11, Pablo ora para que los hermanos pueden ser "hechos completos". En Gálatas 6:1, "restaurarlo", la palabra se refiere a reparar la vida de los cristianos, equipándolos para ser usados en el servicio de Dios. El pecado causó que se quebrara la relación, que ahora necesita reparación, a través de la comunión con Jesús. El tiempo presente sugiere la necesidad de paciencia y perseverancia en el proceso. En 1 Pedro 5:10, "Dios mismo os perfeccionará", habla de completar la vida espiritual del santo para que esté equipado tanto para la vida cristiana como para el servicio del Señor Jesucristo.

¿Qué es la Fortaleza de Orfandad?

Siempre ha sido la intención de Dios la de 'reparar nuestras redes' (nosotros somos esas redes), para que podamos volvernos hijos e hijas maduros, para reinar y gobernar , y cumplir la Gran Comisión.[189] El principal obstáculo que nos impide caminar en la identidad de hijos es la 'fortaleza de orfandad'. La palabra griega para huérfano es 'orphanos' y se traduce como 'huérfanos'. El Diccionario Oxford define a un huérfano como un niño cuyos ambos padres están muertos,[190] mientras que la definición en Wikipedia es un niño en duelo o abandonado por sus padres de forma permanente.[191]

No todo creyente ha sido abandonado por uno o ambos padres, ni tampoco cada creyente ha sido criado por sus padres de la forma que Dios lo quiso originalmente, dejándolos huérfanos de alguna manera. En su libro, Experiencing The Father's Embrace (Experimentando el Abrazo del Padre), Jack Frost enumera seis "tipos de padre": el Papá Ausente; el Papá Abusivo; el Papá Autoritario; el Papá Pasivo, el Papá Orientado al Rendimiento o Desempeño y el Papá Bueno. La descripción de Frost de cada uno de estos tipos de padre, que también aplica a las madres, explica cómo estamos emocionalmente heridos o hemos sido hechos huérfanos por las imperfecciones de nuestros padres.

Ya sea intencionadamente o no, nuestros padres nos han herido profundamente creando esa 'orfandad' dentro de nuestras almas, y esa es la fortaleza de orfandad. Una fortaleza es algo que tiene una 'fuerte influencia' en usted. Si vamos a caminar en la identidad de hijos que Dios ha reservado para nosotros antes de la fundación del mundo, Dios tiene que sanar nuestros corazones y llenarnos con el conocimiento empírico de Su perfecto amor a través del Consolador.

¡Nosotros somos el Placer de Dios!

La lucha más grande que la mayoría de nosotros parece tener es abrazar nuestra identidad en Cristo. Podemos recordar que cuando Jesús fue bautizado en el Río Jordán,[192] los cielos se abrieron sobre

Él y el Padre amorosamente susurraba, "Este es mi Hijo, en quien me he complacido".

Tres observaciones:

1. El Padre bendijo a Jesús antes de que Él realizara ni un solo milagro, significando que Su amor por Jesús no se basaba en su desempeño pero en Su persona. Interpretación: El Padre amó al Hijo por quién era Él, no por lo que Él podía hacer.

2. El Padre mostró su complacencia sobre Jesús. La palabra griega para complacido es 'eudokeo', significando pensar bien; aprobar; consentir o deleitarse.[193] El Hijo conocía el amor de su Padre y su aprobación de forma empírica, no sólo conceptualmente. La Biblia nos dice que David, un tipo de hijo o de Jesús, experimentó el placer tangible de Dios: Me mostrarás el camino de la vida, me concederás la alegría de tu presencia y el placer de vivir contigo para siempre.[194]

3. El Padre envió al Consolador para consolar a Jesús a causa de los retos que Jesús se iba a enfrentar como el segundo Adán. Aunque Jesús era 100 por ciento Dios, Él también era completamente humano. El Consolador, o el Espíritu Santo, es el Espíritu de Abba (del Padre).[195] Cuando recibimos a Jesús en nuestros corazones nos convertimos en Sus hijos, y el Consolador entra en nuestros corazones, para asegurarnos que el Padre nos lleva en Su corazón. Este es el bautismo del Espíritu.

Conflictos de la Orfandad:

Muchos de nosotros no tenemos la revelación de que Dios nos lleva en Su corazón y que somos bendecidos con toda bendición en Cristo.[196] A causa de ambos, la caída y la crianza imperfecta de los padres, cada uno de nosotros lucha con un gran espectro de fortalezas que nos impiden convertirnos maduros en Cristo y acceder a los privilegios divinos de los hijos —el discernimiento y la sabiduría.[197]

Hay 12 situaciones con las que los creyentes huérfanos generalmente luchan:

1. Falta de confianza en la autoridad
2. Abandono
3. Falta de pertenencia
4. Inseguridad
5. Temor al rechazo
6. Pensamiento de pobreza
7. Dar y recibir amor
8. Mentalidad religiosa
9. Esfuerzo y desempeño
10. Corresponder honestamente
11. Vencer pruebas y retos
12. Identidad divina

Las estructuras de orfandad mencionadas arriba, mentales y del corazón contienden con nuestra habilidad de vernos a nosotros mismos como Dios nos ve, y aceptar lo que Él dice que somos. Dios nos ha llamado a funcionar como hijos e hijas (reyes y reinas). Él nos ha dado permiso para ser mayordomos de Su poder y recursos divinos para el beneficio de otros. ¡Que podamos gobernar y reinar como hijos e hijas, reyes y reinas!

De la Orfandad a la Familia:

Actualmente, el Señor está llevando a la transición y transformación del cuerpo de Cristo de una orfandad global a una familia mundial. Desde la década de los 80's hasta finales del siglo 20 hubo un re-despertar en el cuerpo de Cristo hacia la persona y la presencia del Espíritu Santo, dones espirituales, etc. A la vuelta del siglo 21, la revelación del Padre y de su amor inextinguible pos Sus hijos e hijas comenzó a llegar a la iglesia con el fin de hacer frente a la fortaleza de orfandad. Recientemente, se ha hecho evidente que Dios ha estado trabajando horas extras para convencernos de que somos lo que Él dice que somos en Su Palabra.

Tú no tienes muchos Padres:

La mayoría de nosotros luchamos con nuestra identidad en Cristo porque no hemos sido mentoreados o 'nutridos' por nuestros padres. El apóstol Pablo escribió en 1 Corintios 4: 14-17:

> *No les escribo estas cosas para avergonzarlos, sino para advertirles como mis amados hijos. Pues, aunque tuvieran diez mil maestros que les enseñaran acerca de Cristo, tienen solo un padre espiritual. Pues me convertí en su padre en Cristo Jesús cuando les prediqué la Buena Noticia. Así que les ruego que me imiten. Por esa razón les envié a Timoteo, mi fiel y amado hijo en el Señor. Él les recordará la manera en que sigo a Cristo Jesús, así como lo enseño en todas las iglesias en todas partes.*

¡Es hora de que los padres (y madres) se levanten! Esto tomará tiempo. Muchos padres y madres espirituales en la actualidad están siendo levantados por Dios para ayudar a la transición de la iglesia en una familia. Ser padres es un gran llamado. Al contrario de lo que se dice que se necesita todo un pueblo para criar a un niño, yo creo que se necesita una iglesia saludable para entrenar y equipar a los padres para que puedan criar hijos e hijas saludables.

Pocos padres entienden su llamado, por no hablar de su descripción de trabajo divino. Derek Prince identifica tres funciones específicas de la paternidad: sacerdote, profeta y rey o gobernante. [198]

Sacerdote - La función principal de los sacerdotes del Antiguo Testamento era la de interceder y declarar bendiciones en nombre de la nación de Israel. Cuando Israel fue exiliado a Babilonia, ya no tenían acceso al templo en Jerusalén, por lo que sus casas se convirtieron en mini-santuarios o casas-templo, y cada padre era considerado el sacerdote de su casa, y la mesa de la cena se convirtió en el altar familiar. [199] Los padres son llamados por Dios para orar por sus familias, para interceder por sus esposas e hijos.

Profeta - En el Antiguo Testamento, los profetas eran conocidos por entregar la palabra del Señor al pueblo de Dios. A veces sería una enunciación hablada y en otras ocasiones sería una demostración profética.[200] ¿Cuál es el mensaje profético primario que el Padre quiere que los padres demuestren ante sus hijos? Él les quiere revelar Su naturaleza amorosa a través de las interacciones cotidianas con Sus hijos. Por supuesto, en este lado del cielo, no podemos revelar perfectamente el amor del Padre, pero podemos hacer lo mejor por amar a nuestros hijos incondicionalmente, a través de nuestras acciones y palabras ellos podrán probar y ver que el Padre es amor.

Rey o gobernante - Los padres también son llamados por Dios para liderar sus hogares. Su llamado no es sólo a proveer financieramente para sus familias, sino también a llevar a sus esposas e hijos a la búsqueda de Dios y a la aplicación de Su palabra.

Claves para Liberarse de la Fortaleza de Orfandad:

En orden de que hagamos la transición de la orfandad a la familia, Dios ha estado haciendo más que levantar padres. Él también nos ha estado enseñando cómo liberarnos de la fortaleza de orfandad. A continuación se enumeran 10 claves:

1. Reconocer, obtener revelación, de que usted tiene problemas de orfandad (áreas de orfandad en su corazón).
2. Reflexionar en los comentarios que ha recibido de su cónyuge, seres queridos o círculo de amigos; y preguntarse a sí mismo:
   a. ¿Me he rebelado contra o deshonrado a mis padres de alguna manera?
   b. ¿Tengo coraje, ira o resentimiento no resueltos en mi corazón hacia mis padres?
3. Asuma responsabilidad por sus actitudes y acciones mediante pedirles a sus padres que lo perdonen por cualquier actitud o acción impía hacia ellos.
4. Pida a sus padres que lo bendigan.
5. Si sus padres han fallecido o no están dispuestos o no pueden bendecirle a usted, pídale a una madre o padre espiritual que le bendigan en su lugar.

6. Vaya con sus hijos y pídales que le perdonen por cualquier manera que usted los ha herido, abandonado o los ha descuidado.

7. Bendiga a sus hijos.

8. Pase tiempo diariamente con sus hijos (escuchando, riéndose, bendiciendo, mentoreando, etc.).

9. Ore la Oración de Restitución (Capítulo 17).

10. Decrete y declare que usted es el hijo o hija amado de Dios, Su rey o reina.

15

CAPÍTULO QUINCE

Melquisedec y el Don de Discernimiento

En la primavera del 2010, empecé a sentir que nos deberíamos reunir al principio del Pentecostés, la noche del 22 de mayo a la puesta del sol; así que invité a todo aquel que quisiera venir y juntarse conmigo en Aslan's Place. Llegué a las 7:30 pm y un pequeño grupo se reunió mientras se acercaba el ocaso. Mientras esperábamos, pudimos sentir la presencia del Señor en aumento y, cuando la luz del sol desaparecía, sentimos una ligera brisa que se movía a través de la habitación. A las 7:50 pm, la unción aumentó rápidamente y sentimos que debíamos ponernos de pies y tomarnos de las manos; pero luego, de repente, comencé a correr hacia atrás. Ahora; quiero decirles que ¡ni siquiera había corrido hacia adelante en un largo tiempo!

Corrí hacia atrás alrededor de la sala en siete ocasiones. Al final regresé a mi silla, el Señor me sentó y yo le pregunté: "Bueno, ¿qué fue todo eso?" Cada persona tenía una idea diferente. Uno dijo que estaba desenrollando; otro dijo que estaba deshaciendo; y otro dijo que yo estaba yendo atrás hacia algo. Yo estaba desorientado, y me pregunté por muchas semanas lo que esto significaba.

También durante la primavera del 2010, el discernimiento de algo nuevo comenzó. Yo estaba en el teléfono con Rob Gross y juntos nos dimos cuenta de que yo estaba discerniendo a Melquisedec. Mientras meditaba lo que significaba discernir a Melquisedec, le seguía diciendo a los demás y sobre todo a Rob, "no entiendo esto". Escuché un conjunto de cintas y leí un par de libros sobre Melquisedec, pero aún no estaba satisfecho, yo sabía que había algo más que el Señor quería que yo entendiera. Este era un misterio que se suponía que debía comprender, pero ¿qué era?

En la búsqueda de las cosas de Dios a menudo digo que necesito mi 'ajá'- el momento de claridad cuando todo lo que el Señor está tratando de comunicar finalmente tiene sentido. Mi momento 'ajá' en lo que se refiere a Melquisedec finalmente llegó cuando el Señor me recordó de mis comienzos en el entrenamiento para discernir el bien y el mal; y recordé que Él me había dado Hebreos 5:14 justo después de que yo había realizado mi primer seminario sobre el discernimiento, Discerniendo La Batalla, en Virginia. Yo había vuelto a casa cuando mi amigo, el Dr. Tom Hawkins, llamó y dijo: "El Señor me dio un versículo para ti", y Hebreos 5:14 se convirtió en el versículo fundamental para el llamado de Dios en mi vida para enseñar sobre el discernimiento.

> *Pero el alimento sólido es para los que han alcanzado la madurez, es decir, para los que por el uso tienen los sentidos ejercitados en el discernimiento del bien y del mal.*

Ahora, años más tarde, mi momento ajá' se produjo cuando finalmente me di cuenta de que este versículo está justo en medio del pasaje acerca de Melquisedec.

Después de veinte años, el Señor me había traído de vuelta a los primeros días y me mostró que el discernimiento es realmente todo sobre el reconocimiento de la intercesión de Melquisedec. Se trata de saber por lo que el Señor Jesús está intercediendo en su función de eterno sumo sacerdote, Melquisedec, y luego de hacer lo que el Padre está haciendo. Todos estos años yo había estado entrenando, aprendiendo a distinguir diferentes tipos de seres espirituales;

ángeles, serafines, querubines, ancianos, gobernantes, espíritus elementales, orbes, poderes, etc. Ahora yo sabía que el propósito de mi entrenamiento no había sido sólo para reconocer estos seres, sino también para comprender la intercesión de Melquisedec ante el Padre como Sumo Sacerdote. Mediante discernir los seres espirituales presentes, Yo podría ser capaz de ver lo que el Padre estaba haciendo, porque Él me ha capacitado para sus fines y funciones, y podría saber cómo responder basado en mi discernimiento. Yo entendería cómo hacer lo que el Padre está haciendo.

Durante años me dijeron que el discernimiento (el uso de los sentidos físicos para saber lo que está pasando en el reino espiritual) es innecesario y es, de hecho, no bíblico. Ahora entiendo que no sólo es necesario el discernimiento, pero también que es esencial entrar y entender las nuevas esferas que Dios tiene para nosotros.

Ahora, unos cuatro años después, entiendo algo nuevo acerca de la revelación de Melquisedec, quien fue revelado por primera cuando Abram ganó la victoria sobre los descendientes de los hijos caídos de Dios. ¿Quién es Melquisedec?

Génesis 14 nos habla de nueve reyes y naciones que estaban enfrentadas. Abram se involucró en el conflicto, porque Lot, hijo de su hermano, había sido tomado prisionero. Junto con 318 sirvientes, él persiguió a estos enemigos, atacándolos y rescatando a Lot. Tras el regreso de Abram de la batalla, Melquisedec apareció de repente ante él. Entonces Melquisedec, Rey de Salem, sacó pan y vino, y actuando como el sacerdote del Dios Altísimo, él pronunció una bendición:

> *"Bendito sea Abram por Dios Altísimo, Creador de los cielos y la tierra. Y bendito sea Dios Altísimo, que derrotó a tus enemigos por ti"* 201

Creo que Melquisedec es el eterno Sumo Sacerdote, quien más tarde llegó como Jesucristo. Melquisedec es la función de Jesucristo como El Eterno Sumo Sacerdote, siempre intercediendo por nosotros.

Como se menciona en las Escrituras, Melquisedec es el Rey de la Paz (Salem), así como el Rey de Justicia.

Melquisedec bendijo a Abram, porque el Señor había entregado a los enemigos de Abram en sus manos. Me preguntaba, ¿podría ser que cuando estamos conscientes de Melquisedec, es una indicación de que Él nos está dando la victoria sobre nuestros enemigos? Me di cuenta de que esto es lo que yo le había estado pidiendo al Señor, unos meses antes, cuando estaba sentado en el jacuzzi, agotado porque había estado batallando contra la brujería y oré: "Señor, ¿cuándo vamos a ganar?"

Una ira justa vino dentro de mí diciendo: "¿Cómo se atreven estas personas a ejercer la brujería y venir en contra del Dios Altísimo?"

Me enojé mucho y le pregunté de nuevo: "Dios, ¿ganaremos esto alguna vez? Señor, ¿por qué no muestras tu gloria y eliminas a aquellos que vienen en contra de Tus planes del Reino?" Oré por gracia y misericordia por ellos, pero también declaré: "Oh Dios, levántate y destruye a tus enemigos."

¿No es esta la hora de la venganza de parte de Dios en contra de sus enemigos? ¿No es hora de que el Reino de Dios avance? La revelación de Melquisedec parecía indicar que ahora estamos entrando en un período de tiempo en el cual tendremos la victoria sobre nuestros enemigos. El Señor me mostró esto proféticamente un día.

Letras de canciones pasaban por mi cabeza todo el día, "Voy a bajar a la orilla del río, junto al río, a orillas del río y no voy a estudiar más acerca de la guerra." Yo pensé, "OK, lo entiendo". Esa noche fui a ver la nueva película de las Crónicas de Narnia, El Príncipe Caspian. La película parecía ser el flujo de una batalla constante, los niños habiéndose casi olvidado de Aslan estaban determinados a que ellos podían ganar la guerra contra el enemigo. Estaban convencidos de que Aslan, un tipo de Cristo, no era necesario y que podían ganar la guerra sin Él. Finalmente Lucy dijo: "Yo voy a ir a buscar a Aslan por ayuda", y Peter se dio cuenta de la batalla había terminado y que él había perdido. Entonces el enemigo dijo: "Vamos a ir a la orilla del río para terminar esta batalla". Pero cuando fueron allí, Aslan se presentó y la batalla había terminado. En la última escena de la película, el enemigo estaba colocando sus espadas y escudos a la orilla del río. Reflexioné sobre esto durante algún tiempo, y me di cuenta de que la revelación de Melquisedec es el cumplimiento de esa escena profética. Melquisedec es revelado cuando finalmente podemos entrar en Su reposo, permitiéndole traer la victoria sobre nuestros enemigos.

Melquisedec es un rey y sacerdote, y Él pertenece a la orden de Melquisedec. Nuestro Padre Celestial siempre ha querido que Su pueblo sea un pueblo de reyes y sacerdotes. De hecho, esa era Su intención para los Hijos de Israel pero ellos no lo quisieron, y el pueblo rechazó esa posición. Fue entonces que el Señor apartó la tribu de Leví para actuar como sacerdotes para el pueblo. Pero, después de la resurrección de Jesucristo, la Iglesia entró en una nueva posición. Los creyentes son declarados como real sacerdocio - somos ahora sacerdotes reales y pertenecemos a la orden de Melquisedec.

Como señalamos arriba, vemos por primera vez a Melquisedec en Génesis 14. Justo antes de ese capítulo, vemos que Abraham había sido llamado por Dios para ir a la Tierra Prometida, pero Lot había decidido quedarse en el lado este del Río Jordán. Génesis 14 comienza con una lista de cuatro reyes que están en guerra contra otros cinco reyes.[202] Uno podría saltearse fácilmente esta sección, pero un exámen detenido de estos reyes revelará una fuerte conexión con los hijos caídos de Dios. Echemos un vistazo a estos reyes.

> 1. Amrafel, Rey de Sinar - Sinar que es probablemente idéntica a Babilonia o la Mesopotamia Sur, y Amrafel puede ser Nimrod, [203] de quien se decía ser un poderoso[204] en la tierra.
> 2. Arioc, Rey de Elasar - Elasar pudo haber estado localizada en el sur de Babilonia, y Arioc significa 'siervo del dios luna'.[205] Él pudo haber sido el nieto de Nimrod[206]

3. Quedorlaomer, Rey de Elam- Su nombre significa 'siervo de Lagamar", una diosa en el panteón elamita.[207]

4. Tidal, Rey de las naciones- Tal vez él tiene una conexión hitita.[208]

5. Bera, Rey de Sodoma - Bera significa hijo de maldad.[209]

6. Birsha, Rey de Gomorra - Birsha significa hijos de debilidad.[210]

7. Shinab, Rey de Admah -Atado al dios de la luna, que significa 'el pecado es mi padre'.[211]

8. Shemeber, Rey de Zeboiim - significa 'alto vuelo'.[212]

9. Rey de Bela (esto es, Zoar) — Bela significa destrucción.[213]

En el año catorce Quedorlaomer y los reyes que estaban con él llegaron y atacaron a los refaítas en Astarot Karnaim, los zuzitas en Ham, a los emitas en Save Kiriathaim.[214]

Los Rephaim estaban atados a los gigantes, los Nephilim que se mencionan en Génesis 6.[215] Astarté es la diosa de la fertilidad cananea atada a Baal.[216] Zuzitas significa 'creaturas errantes'[217] que eran habitantes de Amón, un lugar donde habitaban los gigantes.[218] Emim, significa 'terror'.[219]

Viendo a lo largo de este capítulo esta la batalla de que aquellos que parecían ser los descendientes de los Nephilim. Como hemos visto antes, fue después que Lot fue capturado y Abram lo rescató que apareció Melquisedec, donde sacó el pan y el vino, y lo bendijo.

Melquisedec, que significa Rey de Justicia, es también el Rey de Paz.[220]

Por lo tanto, Melquisedec es ambos, sacerdote y rey, y él le dio una bendición a Abram porque había tenido la victoria sobre sus enemigos, lo cual creo que es esencial para nuestra comprensión de Melquisedec. Note que la bendición vino porque la victoria de Abram fue sobre los hijos caídos de Dios. La victoria sobre nuestros enemigos es mencionada en ambos, en Salmos y en los pasajes de Hebreos sobre Melquisedec.

Después de la breve reseña de Melquisedec en Génesis, no hay más mención sobre Él hasta 900 años más tarde, durante la época del Rey David. Es de destacar que aunque David era un rey, él también entró una vez en el lugar santo y comió de la mesa de los panes, por lo tanto, actuando como un sacerdote real. David claramente cita en el Salmo 110 que Melquisedec está ligado a la victoria sobre sus enemigos.

> *Dijo el Señor mi Señor: "'Siéntate en el lugar de honor a mi derecha, hasta que humille a tus enemigos y los ponga por debajo de tus pies". El Señor enviará la vara de tu fortaleza de Sion. ¡Domina en medio de tus enemigos! El Señor ha jurado y no se arrepentirá: "Tú eres sacerdote para siempre según el orden de Melquisedec."* [221]

Ahora, avanzamos rápidamente a través de más de 900 años adicionales hasta que escuchamos de Melquisedec de nuevo. El libro del Nuevo Testamento de Hebreos ofrece la descripción más detallada de Melquisedec y habla claramente acerca de la función de Jesucristo como Sumo Sacerdote. En Hebreos 5-8, se nos recuerda que Jesús es para siempre Melquisedec. Él es el Rey de la Paz y el Rey de Justicia. Es este maravilloso Jesús, el Perfecto; que, por su intercesión, nos permite soportar y tener esperanza en el futuro. Este Melquisedec no es un sacerdote de la tribu de Leví, sino de la tribu de Judá. El momento culminante del pasaje se encuentra en Hebreos 8: 1-2:

> *El punto principal es el siguiente: tenemos un Sumo Sacerdote quien se sentó en el lugar de honor, a la derecha del trono del Dios majestuoso en el cielo. Allí sirve como ministro en el tabernáculo del cielo, el verdadero lugar de adoración construido por el Señor y no por manos humanas.*

Si todavía hay alguna duda de que Jesús es Melquisedec, tenemos que notar Sus propias palabras:

> *"Abraham, el padre de ustedes, se alegró mientras esperaba con ansias mi venida; la vio y se llenó de alegría".* [222]

¿Cuándo pudo Abraham haber visto a Jesús? Sólo cuando se le apareció como Melquisedec, como se registra en Génesis 14.

Pero ¿cómo podemos realmente comprender a Melquisedec? Este conocimiento no es sólo un 'conocimiento intelectual', sino que es un 'conocimiento del discernimiento'; un conocimiento que surge a través de los cinco sentidos físicos. Melquisedec es difícil de comprender sin discernimiento físico.

16

CAPÍTULO DIECISÉIS

La Guerra de Melquisedec

Cuando corrí hacia atrás en la Pascua completé un círculo, regresando a los comienzos de mi discernimiento y los comienzos de la guerra espiritual. Sin embargo había vuelto al principio con un mayor entendimiento. La guerra espiritual es sobre batallar contra los hijos caídos de Dios, que son los verdaderos enemigos del Señor, y hemos entrado en la mira de esa guerra. Hemos sido reclutados en esta batalla cuando dimos nuestras vidas al Señor, y Sus enemigos son nuestros enemigos. Estamos en una clara desventaja y esta batalla es imposible lucharla solos por nuestra cuenta. Sin embargo, hay buenas noticias - la batalla no es nuestra, sino del Señor, y Él ha ganado la victoria por medio de Su muerte en la cruz. Pero nosotros todavía tenemos que hacer nuestra parte.

Gregory Boyd escribió claramente sobre esto.

Para Pablo, la vida cristiana es una vida de servicio militar espiritual. Se trata de ser un buen soldado (2 Timoteo 2: 4), de "pelear la buena batalla" (1 Tim 1:18; 6:12), de "guerrear" (2 Corintios 10:3), y de "luchar" con un enemigo cósmico" (Efe 6:12).

> Dar su punto de vista de la siempre presente realidad de Satanás y su reino, y dando su comprensión de lo que se trata Cristo y de lo que la iglesia se supone que debe ser, es difícil ver cómo [Pablo] podría haber visto la vida cristiana de manera diferente.[223]

Estamos entrando en una nueva temporada en la que empezamos a entender cómo participar en esta guerra. Estamos aprendiendo nuevas armas de guerra, y ahora entendemos que estamos en guerra desde un estado de reposo. Nos damos cuenta de que tenemos que afinar nuestros cinco sentidos físicos, así que estamos al tanto de la intercesión de Melquisedec para saber lo que hemos hecho, estamos en condiciones de saber cuál es la respuesta del Padre está a la intercesión de Jesús y responder como corresponde.

Un día las palabras de Daniel 7: 26-27 se cumplirán y nosotros como hijos revelados de Dios, gobernaremos y reinaremos plenamente con Jesucristo, que es el victorioso, totalmente único y unigénito Hijo de Dios.

> *Sin embargo, después el tribunal dictará sentencia, se le quitará todo su poder y quedará totalmente destruido. Entonces se dará al pueblo santo del Altísimo la soberanía, el poder y la grandeza de todos los reinos bajo el cielo. El reino del Altísimo permanecerá para siempre y todos los gobernantes le servirán y obedecerán.*

17

CAPÍTULO DIECISIETE

Oración de la Restitución

Señor, yo renuncio y me arrepiento por aquellos en mi línea familiar que rompieron pactos matrimoniales y se aparearon con los hijos caídos de Dios.

También renuncio y me arrepiento de toda adoración a Moloch y Baal en mi línea generacional. En nombre de ambos lados de la familia, por favor perdónanos por haber hecho el becerro de oro al pie del Monte Sinaí cuando estábamos con demasiado miedo de acercarnos a Ti, porque temimos Tu fuerza y Tu poder. Perdónanos por no esperar el regreso de Tu siervo, Moisés, y por romper el pacto contigo mediante la adoración del becerro de oro a través de la quema de holocaustos y las ofrendas de paz.

Perdónanos por hacer celebraciones en honor al becerro de oro, complaciéndonos a nosotros mismos en festejos paganos y pecado sexuales. Por encima de todo Señor, yo renuncio y me arrepiento, primero por creer y luego por declarar que: "Estos son tus dioses, oh Israel, que te sacaron de Egipto"; cuando fuiste Tú quien nos liberó hace más de 430 años del cautiverio egipcio. Señor, por favor perdónanos por demostrar orgullo, auto-decepción, terquedad e incredulidad.

Perdónanos Padre, no sólo por adorar al becerro de oro y sacrificar a nuestros hijos, sino también por adorar al dios estrella Refán o Saturno, mientras deambulamos en el desierto por 40 años.

En nombre de todos los antepasados en mi línea familiar que entraron en la tierra de Canaán después de vagar por 40 años en el desierto, yo renuncio y me arrepiento por nuestra negativa a obedecer Tu mandato explícito de no participar en las prácticas sexuales paganas de incesto, adulterio, homosexualidad y bestialidad que están entrelazadas con la adoración a Moloch. Perdónanos por sacrificar a nuestros hijos e hijas en el fuego de Moloch, a cambio del favor y la prosperidad. Sé que esta idolatría fue una gran ofensa hacia Ti, y ahora me arrepiento y pido disculpas por todo eso.

En nombre de todos los antepasados que estuvieron involucrados en la adoración a Baal o Moloc en toda la historia de Israel; desde la generación que sucedió a Josué, hasta el reinado de Jeroboam, hasta Acab y Jezabel, hasta Manasés y aún más allá; Yo renuncio y me arrepiento de todo mal conectado a este falso señor-gobernante incluyendo el sacrificio de niños, hechicería, brujería y adoración de las estrellas del cielo.

Señor, ahora te pido que abras cada puerta de bronce que se ha cerrado en mi línea generacional a causa de la adoración a Baal y Moloch, para que las puertas justas que el enemigo cerró y contaminó ya no puedan ser cerradas. Ven ahora Rey de Gloria, inunda los lugares celestiales en mi línea generacional con Tu poder limpiador y abre lo que el enemigo selló en los lugares celestiales, haciendo recto cada camino torcido y suavizando cada lugar áspero. Destroza las puertas de bronce Señor, y corta los barrotes de hierro de mi cautiverio. Declaro que lo que tú abres permanecerá abierto y lo que Tú has cerrado permanecerá cerrado. Prepara el camino del Señor.

Señor, me arrepiento y renuncio a toda adoración de los gobernadores de las tinieblas en mi pueblo, ciudad y estado. Te pido que me perdones, que perdones a mi línea familiar y cada ciudadano de esta región que ha adorado a dioses falsos sobre altares falsos, sacrificando a nuestros hijos a Moloc, y rompiendo el pacto del matrimonio a través de incesto, adulterio, homosexualidad y bestialidad. En nombre de la iglesia, me arrepiento por no temer Tu nombre, no obedecer Tu Palabra, no obedecer la guía de Tu Espíritu; y por presumir que por tu gracia podemos pecar sexualmente, desafiar la autoridad espiritual y no sufrir las consecuencias. Por favor perdónanos por calumniar al glorioso y desconectarnos de Tu Gloria.

Señor, por favor desconéctame del impío Mazzaroth y limpia mi espíritu, alma y cuerpo a nivel celular y sub celular de toda influencia impía, toda impureza y poder.

Por favor, elimina todas las partes de mi ser tripartito de las regiones más bajas de las profundidades impías desconectándome de los Nephilim y Rephaim y elimina toda cinta de brujería de mis brazos.

Por favor, trasládame desde el monte Horeb al monte de Sion y vuélveme a conectar de nuevo a lo glorioso para que Tu luz brille a través de mí hacia los demás mientras yo proclamo el Evangelio en poder a Jerusalén, Samaria y hasta los confines de la tierra.

Por favor desconéctame de las montañas de Esaú y muéveme a la montaña de Sion.

Declaro que mi espíritu estará bajo y sujeto al Espíritu Santo; y declaro a mi cuerpo y mi alma que estarán sujetos a mi espíritu, así como mi espíritu está sujeto al Espíritu Santo.

Señor, por favor balancea correctamente las porciones masculinas y femeninas de mi espíritu humano.

Por favor, elimina todas las imágenes fractales en mi línea familiar y quita todos los espejos. Declaro que sólo reflejaré la imagen y la naturaleza del Señor Jesucristo.

Por favor, retira de mi todo consejo impío y establéceme en el monte de Sion y en Tu consejo celestial.

Señor, me arrepiento por todos aquellos en mi línea familiar quienes tornaron nuestra línea familiar al enemigo, dándole autoridad para eliminar a los ancianos justos y dándole permiso para establecer a los ancianos injustos sobre nosotros. Reconozco que estos ancianos injustos causaron que la familia se desviara de su curso, saliéndose de la secuencia del tiempo correcto y yendo hacia otras secuencias de tiempo. Ahora declaro, que como hijo de Dios revelado, estos ancianos injustos deben dejar mi línea familiar. Padre, por favor, establece los ancianos rectos sobre mi línea familiar y vuélvenos a poner en el camino y en el momento correcto, quítanos del tiempo Cronos y sitúanos en Tu tiempo Kairos.

En nombre de toda la iglesia, perdóname Señor, por sincronizar mi vida de acuerdo al tiempo Cronos y a mis planes y agenda, en lugar de a Tu tiempo Kairos y tu agenda. Por favor, perdóname Señor por no preguntarte que es lo que estás haciendo, donde te estás moviendo, que es lo que Tú quieres y lo que estás haciendo.

Perdóname por creer la mentira de que Tu Segunda Venida está tan cerca que no necesito alcanzar a los perdidos y cumplir con la Gran Comisión. Decreto y declaro Señor, que es el momento de alinear mi vida con la tuya.

Por favor, remuéveme del tiempo Cronos y sincronízame con el tiempo Kairos. Abre todas las puertas de bronce para que las puertas ya no estén cerradas. Abre todas las puertas justas e inunda mi vida con Tu Gloria.

Por favor, quítame de cualquier lugar impío en el abismo donde partes de mí están atrapadas por el sonar impío, y libera tu sonido justo que neutralice ese sonar impío. Libera todas mis piezas y fragmentos que están atrapados.

Por favor, rompe todos los lazos impíos y conexiones entre yo y los Rephaim o con las partes del alma de cualquier otra persona, y quita esos conectores.

Yo renuncio y me arrepiento por aquellos que en mi línea familiar cambiaron sus almas por los favores del enemigo. Por favor Señor, a través de la Sangre de Jesús, devuélvenos a mi línea familiar y a mí, todas las partes del alma que están dispersas. Yo le ordeno a Belcebú que salga.

Te pido, Señor Jesús, que vengas como Hijo del Hombre y elimina todos los hijos caídos de Dios de mi vida y de mi línea familiar.

Te pido que me desconectes de Abaddon y que remuevas cualquier parte de mí que esté en el abismo.

Por favor, te pido que desbloquees los sistemas de cifrado y los algoritmos impíos establecidos por el enemigo.

Yo renuncio y me arrepiento por aquellos en mi línea familiar quienes la entregaron al enemigo para poder gobernar y controlar a otros para su propia ventaja y ganancia económica. Ahora entiendo que esto le dio al enemigo el derecho de tenerme entretejido en la profundidad impía; ubicándome en una posición de servidumbre en lugar de una de gobernar y reinar sobre la creación, el cual es mi derecho dado por Dios. Por favor llévame de regreso al tiempo del origen, a tu seno de la aurora, y fórmame en la profundidad divina. Por favor remueve toda contaminación en el ADN y ARN en mí que tuvo lugar durante la formación impía.

Yo declaro que no voy a estar en sujeción a otros, bajo su control y abuso. Señor, por favor, elimina la desolación de las generaciones y quítame de todos los lugares impíos en la profundidad o la altura, por favor desconéctame de esas regiones y ponme en la profundidad y altura divinas. Yo rechazo la discordia que me ha encarcelado a causa de mi acuerdo con la posición impía en la que me encontraba. Yo me arrepiento por creer en la mentira de que yo tenía que estar sometido a los demás sin tener ninguna voz, y que esta posición era normal y ordenada por Dios.

Por favor, libera el sonido y las vibraciones justas que me alinearán con los sonidos celestiales y sus vibraciones.

Por favor, desconéctame de los ángeles oscuros y de otros seres injustos que gobiernan en la altura impía.

Reconozco que mi mentalidad de ser víctima ha inhibido mi capacidad para cumplir con el llamado en mi vida que es el de gobernar y reinar bajo el señorío de Jesucristo. También declaro que la riqueza que estoy por ganar para los propósitos el Reino de Dios que ha sido detenida por el pecado de mis antepasados, de querer riqueza personal y utilizarla para sus propios fines, ahora declaro que recibiré toda la riqueza que el Señor quiere que yo tenga para cumplir mi mandato del Reino de gobernar y reinar. Señor, por favor, libera todas las restricciones contra los recursos que tú has destinado originalmente que yo tuviera.

Yo declaro que voy a gobernar y a reinar en la altura divina bajo el señorío de Jesucristo, y voy a utilizar todos los recursos creados para Su Reino.

Yo renuncio y me arrepiento por mi línea familiar y por mí por todos los que entraron en actividad sexual fuera del matrimonio. Por favor, rompe las consecuencias de aquellos que fueron acosados sexualmente y se convirtieron en víctimas de abuso sexual. También me arrepiento por todos los que han utilizado la pornografía para la satisfacción sexual. Entiendo que toda esta actividad sexual resultó en tener relaciones con alguna persona que no sea nuestro cónyuge. Señor, como un adulto, te pido que me quites de la esfera de influencia de mis padres y me pongas en mi propia esfera de influencia. Por favor, sácame de la longitud de los impíos y ponme en Tu longitud.

Padre, vengo en el nombre de tu Hijo, Jesús; Tu Hijo unigénito; el único Hijo de Dios que se convirtió en hijo de hombre quien toma Su lugar sobre nosotros, Su cuerpo. Me pongo de acuerdo con la pasión común de ver la intención celestial que fue construida y establecida antes de la fundación de la tierra. Te pido Padre Celestial, Juez del cielo y de la tierra, que emitas un decreto contra los hijos caídos. Llamo de regreso a nuestras líneas de sangre. Por favor, remuévenos del seno de la aurora impía. Yo tomo de regreso nuestros hogares en el nombre de Jesús de Nazaret. Yo los rindo a través de la sangre de Jesucristo para ser santificados, glorificados, y para que se alineen con su lugar en el reino de Melquisedec. Ya no voy a beber el vino de los hijos caídos de Dios. Renuncio y denuncio el espíritu de religión, el espíritu de debate, el espíritu de legalismo, el espíritu de opinión, el espíritu de la crítica y el espíritu del alto intelecto. Renuncio a la mente de la vieja manera de Adán, así como a cualquier forma de pensar que haya nacido de las doctrinas de los hijos caídos del hombre y los hijos caídos de Dios. Pido por la sentencia de divorcio entre los hijos caídos de Dios y nosotros. Yo tomo la decisión de ya no poner la fe en el enemigo derrotado, sino en el victorioso Hijo de Dios, Jesucristo.

Señor, te pido que reviertas la polaridad de cualquier dispositivo impío y sácanos a mí y a mi línea familiar del colectivo impío; elimina todos los microchips, transmisores y recibidores. Saca de mi mente todas las voces y la comunicación de los demás. Remueve de la anchura y la nube impía. Yo tomo la decisión de no ser más afectado por los pensamientos impíos de los demás.

Por favor destruye toda molécula, átomo y sub átomo creados por los hijos caídos de Dios.

Por favor destruye toda dimensión, reino o esfera que los hijos caídos de Dios han creado debido al acuerdo con mis antepasados o conmigo.

En nombre de mi línea familiar yo me arrepiento por toda la sangre que fue derramada en la tierra y por toda la idolatría y el pecado sexual cometido en cualquier área de la tierra. Por favor, rompe con todos los lazos impíos entre mis antepasados y yo con cualquier área de la tierra.

Por favor, elimina las palabras impías de los hijos caídos de Dios que se agregaron a mi diseño original cuando me formé en el abismo.

Por favor, activa todas las palabras justas que fueron encubiertas por los caídos hijos de Dios en mi rollo cuando fui formado en el abismo.

Por favor, elimina cualquier desajuste y desalineación que tuvo lugar cuando estaba siendo formado en el abismo; elimina todos los ancianos impíos, los gobernantes y los poderes que estuvieron involucrados cuando fui formado en el abismo; y elimina todas las piedras de los hijos caídos de Dios que fueron tejidas en mí en el abismo.

Por favor, rompe todo acuerdo impío entre la profundidad impía y la altura impía, y desconéctame de las estrellas, sistemas estelares, galaxias y constelaciones caídas que estuvieron involucrados en la contaminación de mi diseño original.

Por favor quita toda contaminación de los hijos caídos de Dios que afectaron la luz, el sonido, las frecuencias, las vibraciones y los colores que componen mi ser.

Por favor, elimina todo gen agregado por los hijos caídos de Dios. Por favor, repara todos los genes dañados por los hijos caídos de Dios y retorna a mi ADN todo gen que haya sido quitado por los hijos caídos de Dios.

Por favor destruye cualquier clonación impía de mis genes y cromosomas. Por favor deshaz cualquier fusión impía con el mal que tuvo lugar en mi vida.

Señor, te pido que vengas con tu vara de medir y tu cuerda de lino y midas el templo dentro de mí, retirando todos los templos impíos generacionales, reinos, esferas, puertas, portones, altares, columnas, vestiduras sacerdotales, herramientas de adoración y sacrificios.

(Mujeres) Señor Jesús, entiendo que de niña pude haber aceptado la mentira de que una mujer no podía ser más de lo que un hombre le permitiera. Entiendo que esto pudo haber aplastado mi espíritu y causado que partes de mi espíritu fueran atrapadas en la anchura impía. Ahora rechazo esa mentira y declaro que voy a ser todo lo que el Señor Jesús me ha creado para ser. Por favor, quita todas las partes de mi espíritu que han sido atrapadas en la anchura impía y en las estrellas impías, los sistemas de estrellas, constelaciones y zodíacos. Ya no permito que el enemigo proyecte a mí alrededor que no valgo nada y que soy siempre una víctima y sin poder. Voy a tomar mi posición en Cristo, voy a gobernar y a reinar por igual con los hombres. Por favor, desconéctame de todos los hijos caídos de Dios que han perpetuado esta mentira en mi línea familiar.

Padre, yo reconozco que los hijos caídos de Dios no querían ser tus hijos, y se desconectaron de Ti como Padre y se establecieron a ellos mismos como padres. También reconozco que esto pudo haber resultado en que partes generacionales y partes de mí quedaran atrapadas en Saturno, las estrellas caídas, galaxias impías, constelaciones y zodíacos, en la longitud, anchura, altura y profundidad impías.

Yo renuncio y me arrepiento por aquellos en mi línea familiar que hicieron lo mismo con sus padres y fueron tan perturbados por sus padres provocando que se desconectaran de ellos y declararon que iban a ser padres sin ser hijos. Entiendo que esto estableció una desconexión generacional entre padre e hijo, resultando en bendiciones generacionales que no fueron recibidas por la línea familiar. También reconozco que esto pudo haberme prohibido tomar mi lugar como un hijo revelado de Dios. Reconozco que este patrón impío fragmentado pudo haber causado una desconexión entre el padre y el hijo dando lugar a la amargura y a la ira en mi línea familiar y en mi propia vida. Ahora te pido, Señor, que Tú me remuevas de Saturno, las estrellas caídas, de los sistemas estelares, galaxias impías, constelaciones y zodíacos y también de la longitud, anchura, altura y profundidad impías.

Ahora perdono a mi padre y a todos los padres en mi línea familiar por no haber ejercido la paternidad correctamente. También perdono a todos los hijos e hijas en mi línea familiar que, debido a la crueldad de sus padres, se desconectaron de sus padres y rompieron el vínculo destinado por Dios entre las generaciones, rompiendo así también el libre flujo de las bendiciones generacionales.

Señor, por favor conecta mi línea generacional y a mi correctamente a la longitud, anchura, altura y profundidad divinas, para que pueda tomar mi lugar como un hijo revelado de Dios y pueda gobernar y reinar con Cristo. También te pido que me conectes correctamente a mi línea generacional de manera que las bendiciones generacionales que tenían que fluir en ella, ahora sean completamente restauradas en mi línea familiar y en mí mismo. Yo reclamo y recibo tus bendiciones espirituales que estaban destinadas para mi vida y mi línea familiar. Ahora te pido que lo que ha sucedido en los lugares celestiales ahora sea hecho en la tierra en el reino físico. Ahora yo reclamo toda salud física, emocional y espiritual que tú quisiste que tuviera. También reclamo toda herencia física que es mi derecho como hijo revelado de Dios.

Señor Jesús, por tu vida sacrificada en la cruz y por tu sangre, por favor, desmantela y elimina todas las estructuras que se han construido a raíz de estos pecados y de los espíritus inmundos, incluyendo hábitos impíos, maldiciones, dispositivos, conductos, adjuntos, mentiras, "dones" o depósitos de maldad. Líbranos de estructuras impías, de distorsiones en mi vida y mi línea familiar, e incluso de cualquier distorsión de nuestro ADN y ARN. Dios Todopoderoso, por favor, cierra todas las puertas o aberturas que estos pecados y estructuras impías crearon. Abre las puertas divinas a Ti y Tus Bendiciones, que los pecados y estructuras impías cerraron. Espíritu Santo, por favor potencia las decisiones correctas en mi vida y en mi línea familiar. Yo elijo honrarte, creciendo en hábitos santos mientras entronizamos Tu nombre en nuestras vidas, relaciones y en nuestra tierra.

18

CAPÍTULO DIECIOCHO

Oración para Gobernar y Reinar con Cristo

Señor Jesús, me arrepiento por cualquier decisión que pude haber hecho con el enemigo antes de la concepción, debido al miedo o duda acerca de tu bondad y de tu plan para mi vida. Entiendo que esta decisión pudo haberle dado derecho al enemigo para que afectara negativamente mi ADN y el ARN y el agua viva que debía fluir de mí. Ahora ejerzo mi autoridad en Cristo, basada en la obra terminada de la cruz y la sangre de Cristo, sobre la contaminación de las piedras de fuego y el agua viva. Ahora te pido, Señor, que elimines toda influencia de ajenjo sobre el agua viva y purifiques el agua. Por favor, sácame de cualquier orbe impío, trapecios y geo esfera en todas las dimensiones y de la profundidad impía.

Por favor, libera en mí la plenitud de tu agua viva y asígname todas las luces justas. Ahora te pido que vengas en contra de todas las asignaciones hechas en contra mía y sanes todas mis enfermedades.

Por favor quita de mí vida cualquier revestimiento impío y todas las vestiduras impías.

Por favor, sacarme de cualquier constelación impía y de todos los zodíacos impíos.

Por favor, cierra todas las puertas impías que le dieron acceso al enemigo entre en mí, especialmente a través de todo triángulo, tetraedro y trapecio impío.

Por favor purifica toda agua viva que ha sido asignada para mí.

Por favor, elimina todos los espíritus del agua impíos y los espíritus seductores.

Yo me arrepiento y renuncio por todos los bautismos impíos y rituales de agua. Por favor, remuéveme de todo ajenjo (planta amarga y venenosa) y de todos los lugares impíos en la profundidad, la altura, la longitud y la anchura asociada con él.

Por favor, desconéctame de todas las estrellas impías.

Por favor reconéctame, de acuerdo a tu diseño original, a la profundidad, altura, longitud y anchura; y trae todas las dimensiones divinas y cuadrantes en perfecta igualdad.

Yo me arrepiento por toda la bestialidad en mi generación. Por favor devuélveme todas las piedras de fuego no contaminadas a través de Tu sangre.

Señor, por favor retira todo animal, pescado, ave, ADN y ARN de Nephilim de mi ADN y ARN. Por favor, elimine todas las escamas de los reptiles de mis ojos y de los siete ojos espirituales que me has dado.

En el nombre de Jesucristo, me arrepiento por las veces en que pude haber dicho que no quería que me hicieras o que estuve enojado por cómo me hiciste, y que yo decidí que me iba a rehacer mí mismo. Me arrepiento por las veces en que no estuve dispuesto a ceder a Ti, como la arcilla cede al alfarero. Me arrepiento por las veces en que elegí el plan del enemigo en vez de Tu plan.

Entiendo que todas las decisiones que hice antes de la concepción pueden haberle dado al enemigo el derecho de tomar las joyas de mi espíritu y llevarlas al vacío y la oscuridad. También entiendo que esto puede haber afectado mi autoridad espiritual y mi habilidad para gobernar y reinar, y que también puede haber sellado los tesoros de la oscuridad que me asignaste.

Yo reconozco que en mi línea generacional esto puede haber dado lugar a la adoración fálica y la concupiscencia de los ojos, declarando que íbamos a producir nuestra propia semilla sin Ti, y que teníamos que salvarnos a nosotros mismos a través de la idolatría de la prostitución, tratando de reproducirnos sin Ti, Señor.

Yo reconozco que mi línea generacional y yo pudimos haber tratado de multiplicarnos y llenar la tierra sin Ti Señor, tratando de encontrar el conocimiento secreto. Me arrepiento por el descontento con Tus caminos, con Tu diseño de mí, de cómo me hiciste, de lo que me diste, y la autoridad, posición y lugar que Tú me has asignado.

Yo reconozco que esto puede haber afectado los ojos espirituales que me has dado, y puede haber dado lugar a todo tipo de esterilidad.

Te pido que me devuelvas todo a través de Tu sangre, cualquier parte de mi espíritu que pudiera haber sido esparcida en el vacío. Señor, por favor resucita todas las partes de mi espíritu.

Yo declaro que voy a gobernar y a reinar con el cetro que Tú me has dado. Señor, por favor alinea correctamente el cetro que me has dado con la piedra en mi mano y los siete ojos del Cordero.

Ahora me arrepiento por haber tratado de ser mi propio sacrificio, en lugar de reconocer que Tú eres el único sacrificio. Me quito de cualquier altar impío y declaro que estoy sentado con Cristo en los lugares celestiales y que voy a gobernar y a reinar con mi Dios. Señor, por favor, elimina cualquier dragón de mi vida que está sentados sobre cualquier trono.

Señor Jesús, tomo mi posición como un hijo revelado de Dios y me paro en contra del espíritu de Sebna quien ha tomado la llave de David en mi línea familiar y ha restringido el acceso que Tú deseas que yo tenga en la casa de la sabiduría y la altura divina. Reconozco que este espíritu ha excavado una tumba, se ha colocado en la altura impía y la roca impía, pervirtiendo la Roca, que es Jesús. Ahora te pido que Tú lances fuera, a quien es el líder de los valientes impíos, violentamente. Por favor, apodérate de él, vuélvete violentamente contra él, y tíralo como una pelota en un gran país en el que va a morir con todos sus carruajes impíos. Por favor, provoca que traiga vergüenza a la casa de su amo y sácalo de su oficina y de su posición, para que sea echado abajo. No permito que el espíritu de Sebna me cause que permanezca en su tabernáculo impío.

Ahora te pido Señor Jesús, que tomes la llave de David y la pongas en Tu hombro, y declaro que Tú eres la autoridad legítima sobre la casa del Padre, porque el Padre te ha delegado la casa a Ti. Yo reconozco que Tú estás vestido con una túnica, estás fortalecido con un cinturón, y todos en mi hogar son ahora Tu responsabilidad.

Señor, declaro que Tu estas en el rol de Eliaquim, Tú estás en un lugar seguro, y Tú ocupas el trono glorioso en la casa de Tu Padre. Yo reconozco que toda la gloria de la casa de Tu Padre está en Ti y en todos Tus hijos e hijas. Yo declaro que Tu gloria ahora llena todas las vasijas desde la más pequeña hasta la más grande.

Por favor, remueve la clavija de Sebna y la carga que estaba en ella. Yo corto todo porque el Señor ha hablado.

Yo declaro que todos los portales y las puertas que Jesús abre permanecerán abiertas y todos los portales y puertas que Jesús cierre permanecerán cerradas. Declaro que mi familia ya no estará dominada por el sistema religioso y las casas falsas; que mis estacas se extenderán y voy a operar en la esfera de autoridad que el Señor me ha dado; y ya no seré dominado por el hombre. Rompo el poder de todas las palabras de contención fuera de mí, así como todas las palabras de celos, envidia y chismes. Señor, cierra estas puertas impías y las puertas que me rodean, y abre las puertas de justicia y las puertas que Tú estás golpeando para darme la posibilidad ir y venir como me dirija el Espíritu Santo.

Yo rompo el poder de las limitaciones, de las palabras de pastores y líderes, y de las palabras impías del cuerpo de Cristo.

Yo declaro que Jesús será mi Dios, y yo seré Su persona.

Yo tomo la decisión de someterme a los demás, así como se someten a mí.

Yo declaro que yo y el cuerpo de Cristo conformamos un nuevo hombre en Cristo, en el que cada parte suplirá y todos harán su parte.

Ya no soy más la audiencia. Yo soy el participante. Señor, Tú quitarás la roca impía, porque yo declaro que el Señor Jesucristo es mi Roca; y Él va a destruir los sistemas del mundo y llenará la Tierra como una gran montaña.

19

CAPÍTULO DIECINUEVE

Oración para Establecernos como Reyes y Sacerdotes

El martes 28 de febrero del 2012, un amigo (que me dio como regalo una cerradura y dos llaves) entró con un cliente. Durante el tiempo que estuvimos juntos, distinguí una gran esfera en mi mano izquierda, y me di cuenta de que la parte exterior de la esfera se sentía bien, pero el interior era de maldad. Mi sensación era que el orbe era la esfera de influencia que yo iba a tener como cristiano. El interior de la esfera estaba hecho de estrellas, sistemas estelares, y dimensiones, pero se sentían contaminados. También sentí dos puertas en el orbe. Entonces me di cuenta de que ambos tanto mi amigo como el cliente también tenían una esfera en sus manos izquierdas.

Durante todo el día de la sesión de ministración, el Señor nos dio entendimiento acerca de lo que era orar con el fin de limpiar nuestros orbes o esferas. Desarrollamos la oración a lo largo del día y después oramos juntos; después de lo cual, sentí que el orbe o la esfera estaba limpia.

Llegamos a entender que los reinos y gobiernos están atados a las estrellas. Cuando estamos alineados correctamente al Reino de

Dios, entonces podemos gobernar y reinar bajo Cristo en las esferas de influencia que Él tiene para nosotros.

Durante el tiempo de ministración, mi hijo Brian estaba borrando y volviendo a instalar el disco duro de mi computadora. Esto me pareció profético. Era como si el Señor estuviera borrando todos los códigos y regulaciones que se habían acumulado en nuestro ADN y ARN a través de múltiples generaciones de pecados.

Me di cuenta de que después de que oramos experimenté una liberación durante toda la noche del martes y todo el día miércoles. No fue sino hasta la noche en que esta sensación se detuvo. Luego, después de nuestro grupo de jóvenes el jueves, me di cuenta de que el Señor estaba haciendo una liberación también en los que estaban allí. También noté que algo dramático había ocurrido, y había un cambio notable en la forma en que estaba sintiendo la liberación. Antes había sentido la liberación en cierta parte de mi cabeza, pero ahora estaba pasando a través del cetro espiritual que sentí en mi mano izquierda y también a través de la vara del anciano espiritual en el frente de mi lado izquierdo. Desde entonces, sigo sintiendo liberaciones que tienen lugar allí. También tengo un sentido disminuido del mal, a menos que yo este orando por la gente.

20

CAPÍTULO VEINTE

Oración para Establecernos como Reyes y Sacerdotes en Su Reino[224]

Ejercitando mi posición en Cristo, rompo todos los acuerdos con las leyes, códigos y reglamentos que se hicieron con los hijos impíos de Dios en todos los reinos, dimensiones, y profundidades.

Rompo todos los acuerdos, convenios y contratos con la rebelión que estaban incrustados en esos códigos, actos, reglamentos y leyes.

Cancelo el acuerdo que hicieron mis antepasados, que le dieron al enemigo el derecho de demandar las futuras generaciones, sobre todo con el propósito de servir a la oscuridad y de eliminar la luz, la vida y el amor de Jesucristo.

Cancelo el código escrito con todas sus regulaciones, que estaban en mi contra y que se opusieron a mí. Yo declaro que fueron clavados en la cruz, y que Cristo ha triunfado sobre el enemigo en su intento, que ahora la multiforme sabiduría de Dios podrá ser dada a conocer a los gobernadores, principados y potestades en los lugares celestiales. Que Él pueda exponerlos a Su increíble gracia y poder.

Señor Jesús, te pido que reformatees nuestro ADN físico, espiritual y el del alma así como el ARN (ácido ribonucleico), y reinstala la naturaleza y la mente de Cristo para restaurar nuestro diseño original.

Por favor, desconéctame de cualquier control impío sobre los elementos físicos en mi cuerpo, y conéctame correctamente a las leyes físicas que has establecido para mí.

Yo ejerzo mi posición en Cristo y cancelo todos los acuerdos con todas las leyes y constituciones que fueron hechas de manera que las estrellas espirituales impías pudieran tener autoridad.

Me arrepiento por mi línea generacional que entró en los gobiernos impíos, por medio de escribir o endosar leyes injustas. Me arrepiento por los gobiernos que establecieron leyes en un intento de redefinir lo que era la vida y lo que será. Señor, yo declaro que Tú eres el único Creador.

Yo renuncio y me arrepiento por:

- Todas las leyes humanas que pretenden cambiar los tiempos y las estaciones, dándole permiso al enemigo y acceso para cambiar los tiempos y las estaciones

- Todas las leyes que le dieron al enemigo el derecho de redefinir la vida

- La Corte Suprema de los EE.UU que hicieron leyes para redefinir la vida y por todas las leyes impías que violan las leyes del Dios Todopoderoso

- Cualquiera de mis antepasados que estuvieron involucrados en las decisiones de cualquiera de los tribunales superiores que hicieron acuerdos con el mal con el fin de cambiar las leyes y normas de los cielos y de la tierra

- Mis antepasados que iniciaron nuevas leyes, línea por línea, precepto por precepto, y añadieron capa tras capa de leyes y prácticas de maldad. Señor, por favor destruye ese sistema y elimina cualquier parte de mi espíritu o alma que han sido atrapadas en estas capas

- Cualquiera en mi línea generacional que negociaron las generaciones futuras por su propia protección, poder, conocimiento y riqueza; y por los que entraron en dimensiones impías para hacer acuerdos con los hijos caídos de Dios y/o con las estrellas caídas. Señor, por favor rompe las maldiciones de las generaciones futuras, y restaura su propósito y diseño original. Por favor, elimina todo turbante impío, todos los escritos blasfemos, el efod impío, todas las prendas sacerdotales impías, las oraciones, declaraciones y rituales impíos

- Todos mis antepasados que se negaron a acercarse a los truenos y relámpagos del Dios Vivo y se abstuvieron de entrar en el santo temor de Dios

- Por todos los que abandonaron al Señor y construyeron sus propias cisternas, escogiendo mediadores de sacerdotes y reyes, en lugar de tener intimidad con el Señor

Yo renuncio a los reinos de este mundo por los reinos de mi Cristo. Señor, por favor extrae cualquier parte de mi espíritu de cualquier sistema impío de estrellas, constelaciones y del zodíaco de la oscuridad exterior y/o absoluta, y sácame de los agujeros negros.

Yo declaro que estaré sentado en los lugares celestiales con Cristo y mis enemigos serán el estrado de mis pies mientras reino con Cristo; y Él será mi Dios y mi Señor. No renunciaré a mi posición de gobernar y reinar con Cristo sobre el enemigo. No voy a renunciar a ningún reino; ningún lugar en el tiempo; o ningún lugar debajo o encima de la tierra que el Señor me ha dado como mi esfera de influencia.

Señor, por favor, quita las puertas de bronce y barras de hierro por encima de mi esfera de influencia mientras yo declaro, "Ábranse, puertas antiguas, y dejen que entre el Rey de Gloria." Por favor, endereza los lugares torcidos, abre todas las puertas que deben ser abiertas, y cierra todas las puertas que deben ser cerradas para que las puertas nunca más sean cerradas.

Señor, por favor conecta correctamente mi esfera de influencia sobre los mundos multidimensionales a otras esferas de influencia, y permite que tu poder fluya en unidad a través de esas esferas.

Yo declaro que los reinos de este mundo se han convertido en los reinos de nuestro Señor y de Jesucristo y que ¡Él reinará por los siglos de los siglos! Te doy gracias, Señor Dios Todopoderoso, aquel Quien es, Quien fue y Quien ha de venir, porque has tomado Tu gran poder y has reinado.

Declaro que la salvación y la fuerza, el reino de nuestro Dios, y el poder de Cristo han llegado: porque el acusador de nuestros hermanos, quien nos acusó delante de nuestro Dios día y noche, ha sido lanzado fuera. Declaro que lo hemos vencido por la sangre del Cordero y de la palabra de nuestro testimonio, y que no amamos nuestras vidas hasta la muerte.

Yo tomo mi posición en Cristo, y declaro delante de todos los universos, reinos y todos los seres espirituales que rechazo los códigos y reglamentos impíos que contienen preceptos, leyes, normas, escritos, decisiones, acuerdos, contratos y pactos impíos que han sido escritos en mi ADN y ARN, y me pongo de acuerdo con la decisión en el trono del cielo, de que ellos sean expulsados de mi cuerpo.

Ahora yo rechazo todos los reclamos pasados que mi línea generacional hizo a estos códigos y reglamentos, y asigno la sangre de Jesucristo sobre esos códigos y reglamentos a medida que los intercambio por mi vida en Cristo. Yo escojo mi herencia por derecho por mi vida en Cristo y mi posición como hijo y heredero de mi Padre Celestial.

Mientras estoy sentado con Cristo en los lugares celestiales, yo decido vivir mi vida en alineamiento a los planes de amor que Él ha escrito para mí antes de la fundación de la tierra.

Padre, yo declaro que me alineo a Tu tiempo Kairos, y rechazo el tiempo de Saturno y el Cronos. Señor, si he sido comprimido en el tiempo o puesto en la línea de tiempo equivocada, me pongo de acuerdo y declaro que estaré en la línea del tiempo correcto y te pido me liberes de cualquier encarcelamiento para que pueda ser establecido en el tiempo correcto. Yo demando que se me libere, ya que estoy bajo el señorío de Jesucristo, y no bajo otros dioses o diosas.

Yo declaro que no estoy atado por la velocidad de la luz, pero sólo estoy atado por las leyes del Reino de Dios.

Yo declaro y acuerdo que soy soltado para operar en unidad con esas leyes celestiales que están bajo el señorío de Jesucristo y esos Reinos ahora le pertenecen a Él.

Oh Señor, el Dios grande y temible, el que guarda Su pacto de amor con todos los que le aman y guardan Sus mandamientos, nosotros hemos pecado y hecho mal. Hemos sido malos y nos hemos rebelado. Nos hemos apartado de tus mandamientos y de tus leyes. No hemos escuchado a tus siervos, a los profetas, que en tu nombre hablaron a nuestros reyes, príncipes y padres. Sin embargo, el Señor nuestro Dios es misericordioso y perdonador, a pesar de que nos hemos rebelado contra Él, y no le hemos obedecido o mantenido las leyes que Él nos ha dado a través de sus siervos los profetas. Señor, por favor quiebra los efectos de las maldiciones, iniquidades y juramentos escritos en la ley de Moisés, que fueron derramados sobre nosotros y nuestra línea generacional porque hemos pecado contra ti.

Señor, por favor, te pido que cambies todas las direcciones de maldad que se han establecido en los siete ojos del Señor y por favor restáuralas a su ubicación original que escoja el Dios Todopoderoso.

APÉNDICE

Palabras del Señor

Era el 17 de septiembre del 2014 y recién me había ido a la cama. Pensé que este libro estaba completo, pero sentí una fuerte urgencia en mi espíritu de mirar las palabras que el Señor nos había dado sobre los hijos de Dios. A la mañana siguiente revisé todas esas palabras y estaba asombrado de como el Señor había revelado tantas verdades mucho antes de que siquiera nosotros comenzáramos a entender la naturaleza de los hijos revelados de Dios.

En nuestras reuniones, podía discernir la presencia de un ángel mensajero y le pedía a los presentes que recibieran el mensaje. Documentamos y guardamos cada mensaje en la computadora, una práctica que nos ha dado una maravillosa referencia histórica del desarrollo de la revelación del Señor. Siento que Él desea inculcarnos la forma de entender como Él habla, y como utiliza a muchos en el Cuerpo de Cristo como recipientes de Su sabiduría. A medida que atesoramos y registramos lo que Él nos dice, somos bendecidos de ver como esta revelación progresiva nos guía a un entendimiento más profundo de Su majestad y sabiduría.

Es esencial expresar que no tomo las siguientes palabras como iguales a la Escritura. La Palabra de Dios es el estándar por medio del cual juzgamos toda palabra de revelación que recibimos. Habiendo dicho esto, valoro lo que el Señor ha hablado y Su dirección a través de estas palabras que ha resultado en un entendimiento más profundo de la Escritura.

Las palabras están listadas en orden cronológico, y la identidad de cada colaborador está al pie de página. Estoy tan agradecido al Señor por permitirme tener tantos amigos que lo aman. Confío que estas palabras lo ayudarán también a entender más de lo que significa ser un hijo revelado de Dios.

Marzo 3, 2008 Jana Green[225]

A algunos de ustedes se les han dado llaves. La mesa estaba preparada. Algunos de ustedes fueron invitados a comer en la mesa del Rey; preparación para posicionarse; el hambriento será satisfecho; el sediento beberá; vengan y coman, vengan y beban. Mayor pureza, compren oro refinado en el fuego. Más profundo, todavía más profundo, cosas más profundas para el posicionamiento. Extiende las estacas de tu tienda. El ejército de Gedeón está siendo preparado. Cuartos de sanidad. Está en las profundidades; todavía más profundo; el lugar profundo donde ves Su rostro. Acuerdo de Dios con el hombre en el lugar profundo. Son los hijos quienes crean, co-creadores con Dios en el lugar profundo. Hay tesoros que no han sido revelados todavía y fueron guardados para un tiempo como este. Los hijos revelados de Dios. El origen en el lugar profundo. Cada uno de ustedes reciba libremente, de libremente; Estoy multiplicando lo que están recibiendo. Pidan por el bautismo de fuego; mayor pureza. No tienen porque no piden. Esta es la transición para la reforma. Es un orden apostólico y todos ustedes son una parte, conectados. Es un lugar de poder sobrenatural. Necesitan operar en él. Acostúmbrense. Sean libres. Así puedo soltar las cosas profundas. A algunos les fueron dadas llaves, autoridad en su región, autoridad en su ministerio.

Junio 2, 2008 Jana Green

Es la senda antigua; es el camino de los justos que crece más brillante y más brillante a plena luz del día. Es el camino angosto, la senda antigua hacia el origen. Es en el origen que los hijos de Dios son revelados. Caminen la línea, Preparen el camino para que los hijos de Dios sean revelados. Los hijos los llevarán hacia el Padre a causa de Su nombre. Justicia para la puerta del juicio. Dejen que el hijo pase, más allá de la vara del Pastor. Es en el origen que ustedes fueron entretejidos. La esperanza de gloria está a la mano. Es el camino de justicia por el bien de Su nombre; es como ir a través del canal de parto; es el nacimiento de algo nuevo.

Noviembre 18, 2009 Jana Green

Lo lograron. El próximo nivel de transición está aquí. Es una posición de declaración. Es una plataforma de justicia. ¿No saben que han sido posicionados para un tiempo como este? Ha sido un tiempo de cambiar corazones y sanar almas. Hay unidad entre ustedes, entonces pueden ir. Están bajo una nueva gerencia. Ha sido un tiempo de leve aflicción, produciendo una gloria mayor para la manifestación de los hijos revelados de Dios. Es una conexión en red. El Reino no ha sido lo que creen. Aún la estructura ha detenido al Reino. Están muy cerca; están en el borde. Es una mentalidad de Reino. También es el corazón. Las multitareas nunca han sido como esto. Es sabiduría multiforme. Soltando la gloria. Todo conectado en la misma historia. Han aprendido a conocer la abundancia, y han aprendido a conocer un poco. Han sido fiel en ambos, y esa ha sido la prueba. Se ha cumplido en ambos. No tendrán necesidad. No habrá falta de nada.

Marzo 6, 2010 Larry Pearson[226]

Adam tuvo dominio y hay una restauración de Gloria. Él les ha dado la autoridad de soltar la llave para que los hijos e hijas conozcan su dominio sobre el príncipe del aire; porque los hijos e hijas son llamados a vigilar los cielos bajo autoridad delegada. Hay un nuevo orden siendo dado a luz hoy en el Espíritu. Habrá un nuevo fuego y una nueva luz.

Marzo 21, 2010 Jana Green

Esto es gran gracia. Si supieran el Reino que cargan, les iría bien. Gracias es más que lo que creyeron la primera vez. Es poder para superarse, poder para creer. Pueden vencer por su testimonio, pero con la gracia no se verán obstaculizados para vencer. Son co-creadores y colaboradores. Tienen gran riqueza. Es su tiempo de brillar y sanar. La revelación de los hijos de Dios. Cuando se paren frente a la oposición, les dará las palabras para hablar. No se defenderán ustedes mismos, porque el cielo está con ustedes y ustedes serán liberados. Mayor es aquel que está con ustedes que aquel que está en contra. Dios está con ustedes, lleven Su nombre. No serán detenidos o puestos en vergüenza.

Mayo 25, 2010 Jana Green

Tienen una percepción de que en este lugar donde están reinando, están supervisando la creación. Es por esto que el santo elohim supo que los verdaderos co-creadores son ambos hijos de Dios e hijos de hombre. Es para el reinado del milenio. La verdadera revelación de los verdaderos hijos, los revelados, es para la restauración de la creación. El reino paralelo fue creado a partir del vacío, de la falta. La decepción les impide alcanzar la verdadera revelación de quienes son. Aún en Zacarías, los hijos de Dios no actuaron. Él preparó el sacerdocio para Josué para la nueva vestidura. Pero Zacarías de acuerdo con el cielo proclamó el nuevo turbante para la nueva forma de pensar. Es su pensamiento el que crea. Su coexistencia emana un sonido, un color, una fragancia y una luz. Estas cuatro son las esencias de Dios. El intento del elohim impío es co-crear una falsa percepción de Dios. El orden falso está en control; necesita controlar; es una percepción del orden. Hay una necesidad del orden y es una percepción de este a fin de controlar.

Fue en los días de Noé, y será en la vendida del hijo del Hombre. Aún los nephilim estarán en la tierra. Esta guerra es peleada a un nivel cósmico. Aún ahora, una mentira está siendo dispersada. La falsificación está trabajando en la depravación del hombre. Aún los elegidos serán desgastados en la lucha por tener la razón. Es por esto que se dijo, que ojo no ha visto, porque se discierne por el Espíritu, El Espíritu testifica.

Julio 5, 2010 Jana Green

Un cordón de tres dobleces lo ayudará. Es el tiempo de la liberación, lo que fue, lo que es y lo que será, todo vinculado para liberar a los cautivos. Un lugar de cautividad es establecido por el deseo. En lo que pongan su ojo se multiplicará; su vista conectada por el sonido, por la fragancia, por la luz; alrededor y alrededor. Por la fundación de cuatro, siete son revelados. El conocimiento de Dios; un camino a ser recreado para cortar las conexiones.

Conexiones impías están todavía abiertas. La memoria es disparada y ellos van y vienen, conectados por la luz impía. Estos viajan en la luz impía. Un chorro de sonido. Ellos reciben sus órdenes, desde los lugares de cautividad. Ellos cazan y ministran por el sonido y causan desorden. Este lo mantiene conectado y afecta al reino.

Este es el lugar de la negociación voluntaria. Lo que percibes creer es cambiado por lo que es verdadero en la luz. Están negociando por una herencia. Donde los caminos se encuentran. Los hijos caídos de Dios están aquí. El comité detrás del argumento de Satanás.

Los hijos de Dios a ser revelados. Puede tomar su posición ahora. Una herencia cumplida; lo que fue robado; lo que fue entregado. Pidan que las piedras de fuego sean colocadas. El Señor está listo para añadir el fuego a las piedras, el fuego del incienso, las oraciones. Entonces los recipientes serán vertidos. Esto no es solo redención. Es la reivindicación de los santos. Es por esto que el enemigo está peleando tan duro. Él tiene que pagar siete veces más.

Julio 13, 2010 Lewis Crompton[227]

Córtenlo, córtenlo con la espada. Rompan las estacas de la tienda. Córtenlo, córtenlo. Los llamé pero no quisieron venir. Llamé a mi pueblo y ellos no quisieron venir. Ellos trajeron sus regalos, pero no quisieron traérmelos a mí. Los regalos no fueron aceptables para mí. Yo deseaba un corazón puro, peros sus corazones no eran puros. Ellos no eran sinceros. No entendieron lo que Yo deseaba. Yo deseaba un corazón puro. Yo deseaba amor, y deseaba remover las ataduras de opresión de Mi pueblo; quitar los lazos de opresión. Este es Mi deseo quitar los lazos de opresión de Mi pueblo, pero ellos no lo pudieron ver. No pudieron entenderlo, estuvieron satisfechos con estar al pie de la montaña cuando Yo los llamé a subir. Yo les dije "Suban más alto, suban más alto." Pero a causa del miedo y la duda permanecieron abajo. Ellos no vinieron a la cima de la montaña. Se contentaron con adorarme mediante el sacrifico de cabras y ovejas, pero no entrarían a Mi presencia.

Y adoraron ídolos de oro e ídolos de plata, y eso quebró Mi corazón. Y Yo abrí los cielos sobre ustedes. Y abrí los cielos para que permanecieran sobre ustedes para qué pensarán más alto y más grande, para que pusieran de lado sus rituales. Para que dejarán de lado sus sacrificios que Yo no acepto, y les pido que suban más alto con un corazón puro porque los estoy llamando a entrar a Mi corazón. Lo estoy llamando a volverse uno conmigo en este día. En este día, todo está en el corazón.

Estamos para estar postrados delante de Él y deshacernos de nuestras agendas; y a estar abiertos a nuevas formas de pensar.

Para aquellos que invocan mi nombre, voy a hacer un cambio. Voy a hacer un cambio en sus familias. Voy a hacer un cambio en sus organizaciones. Habrá verdadera consecutividad. Unidos. De la forma que Yo los llamé a estar unidos. Va a haber verdadera conectividad. Una mente. Un corazón. Un alma. Unidad del Espíritu. No unidad del hombre, pero unidad del Espíritu.

Ellos están viniendo frente a Él con estos paquetes y ellos están contentos de permanecer al pie de la montaña. Él está llamándolos a ir más alto, pero para ir más alto ellos deben dejar sus paquetes al pie de la montaña porque esos no son los sacrificios que Dios está pidiendo. Todo está en el corazón. Todo está en la mente. Está en la visión.

Él está soltando el Arca de Su presencia. Ahora todos la tenemos. Es una nueva estructura. Nueva alineación. Estas son las piedras vivientes. Esto es parte de la Nueva Jerusalén; todo es parte del Sacerdocio real y santo. Esto es parte de la Nueva Jerusalén. Esta es la estructura en la que vamos a entrar. Entren en Su presencia mientras están sosteniendo el Arca.

Estoy estableciendo a mi pueblo, un sacerdocio real. Ellos irán a los confines de la tierra, y ninguno se parará en contra de ellos, porque nadie puede pararse en contra de ellos. Mayor autoridad que nunca antes; mayor conocimiento que nunca antes; mayor sabiduría que nunca antes; mayor habilidad para aconsejar conmigo como nunca antes. Porque un buen amigo da buen consejo. Y Yo soy un buen amigo, porque mis poderes son para prosperar y no para dañar. Estoy estableciendo buenos planes. Caminos rectos. Aceleración. Y establezco en un día este establecimiento.

Traigo estructura donde ha habido desorden y conecto la fortaleza, no la debilidad. Quiebren las conexiones, las cuales los han llevado a la debilidad porque son apegos. No son el todo. Porque otra vez Yo tamizaré sus contactos, así como ustedes son puros, sus contactos deberían serlo, a medida que se alineen con mis planes. No es que comiencen siendo justos, pero ellos escogerán la justicia. Porque Mi túnica llena el templo. Ello habla de Mi majestad. Así que los estoy extendiendo entre el grupo de gente que conocerán Mi majestad y muchos volverán sus ojos y no verán, porque se han dejado cegar por el enemigo.

¿Por qué quien es el que los envió? ¿Quién fue el que les dio los dones? ¿Quién es el que los sacó? ¿No soy Yo? Y así y todo y todavía no tienen fe, no confían. ¿No he sido fiel? De generación en generación y soy más rápido que ustedes. Seguro y firme. Ustedes serán un ancla y la presencia en el tabernáculo del Señor. Porque cada uno de ustedes se está volviendo un caballo de guerra, un caballo de irrumpimiento. Estoy estableciendo a Mi novia guerrera y Mi novia se levantará de las cenizas con belleza. Porque están trayendo la belleza de regreso a Mi novia, ella será sin mancha en el día de Mi regreso, porque no quería un sermón sino un corazón puro. Vengan bajo Mi túnica. Esta es la invitación. Y ahora le hablo al cuerpo, "¡DESPIERTA, DESPIERTA!"

Porque el novio se está acercando con justicia en Sus ojos. Porque Él ha sido fiel hasta el final. ¿Ustedes lo han sido? Vuélvanse a la fidelidad y no tengan otros dioses aparte de mí. Ninguno. Tengan hambre por mí y por nadie más, porque soy el único que satisface, I anhelo satisfacerlos. Removeré la insatisfacción de ustedes a medida que tengan hambre por mí. Porque a aquellos que tenga hambre de mí, yo los alimentaré. Porque a aquellos que tienen sed, se les dará de beber. Fuerzas para el débil. Levanten sus banderas. Levanten sus banderas. Levanten un grito de batalla y declaren que la batalla es Mía. Declaren la victoria. Porque ustedes han leído el libro y conocen el final. Quiebren las mentiras sobre Mi cuerpo de que son derrotados o de que deben esperar. Porque eso es mentira. Estoy trayendo aceleración. ¿No es este el día del favor del Señor? ¿Por qué entonces se detendría? A medida que canten, "Digno es el cordero", el cordero canta de regreso. Digna es la novia. Digna es la novia.

Porque aquellos que han vencido a Jezabel son bendecidos, porque ellos no serán engañados. Oren por la lluvia en el día de la lluvia. Oren por la lluvia en el día de la lluvia. Ustedes tendrán todas las cosas. No piensen que no he les he provisto; porque yo ya he provisto. Porque aunque no lo vean tienen todo lo que necesitan. Elijan ver de forma diferente. Cambien de perspectiva. Convertido en justicia retrospectiva. Porque el que está en ti ¿no es acaso el Cristo?, porque el qué te sostiene ¿no es acaso el Cristo? Porque la bendición y el honor, la gloria y el poder le pertenecen a la novia. Porque eso es lo que le otorgado. No han mirado el horizonte para ver salir el sol. En lugar de eso miraron sus pies adonde estaban. Levanten sus cabezas. Por mucho tiempo no han mirado hacia los montes, cuando su ayuda viene del Señor, porque eso era verdad en los días de David, pero Yo vine de la cima de los montes.

Ahora escojo Mis vasijas terrenales. Escojo habitar en la casa de los hombres que me servirán de todo corazón. Porque así como ellos me han dado la bienvenida, anhelo que me dejen salir. Porque Emmanuel ya no es más Dios con nosotros, pero Dios en nosotros. Paren de levantar sus espadas hacia sus enemigos, porque ¿qué buena puede ser una espada en las manos de un niño? En lugar de eso vuelvan sus ojos y sus corazones a mí, porque la batalla es del Señor; porque Yo me levanto, Yo me levanto y doy gritos de alegría. Porque es la alabanza de los hijos la que silencia al enemigo y al vengador. Porque su guerra no es una guerra de hombres en el ámbito terrenal, sino del espíritu. Porque las espadas de Mi pueblo hechas por hombres han fallado. Porque no han usado la espada del Espíritu, aunque pensaron que lo hicieron, porque no hablaron la verdad. Pero pensaron que lo hicieron. Observen sus palabras. Guarden su lengua. Porque del fluir de su corazón, habla el hombre.

Atesórenme en sus corazones. Porque donde está su corazón allí está su tesoro.

¿A quién han estado besando espiritualmente? ¿A quién le han estado pagando por esta palabrería? La palabrería no es algo de reyes. Aunque las acciones pueden hablar más alto que las palabras, las palabras producen acciones y reacciones. La población del remanente está creciendo. Los reuniré de cerca y de lejos, del este y del oeste, del norte y del sur. Para que levantar una proclamación; aunque algunos puedan dudar y otros puedan odiar. Esta es Mi persona; este es su destino. Estoy estableciendo el sacerdocio real para tomar la tierra y los cielos. Sus corazones y sus vidas; sin concesiones; ellos conocen a su Rey. Ellos conocen a su Dios. Los vestiré con mi Efod.

Si quitan los fundamentos, el edificio no permanecerá en pie. Es a ustedes a quienes estoy edificando, Mi pueblo, Mis ladrillos. Porque el enemigo busca destruir de abajo hacia arriba, los fundamentos básicos, los aspectos fundamentales. Ellos han ido muy profundo más allá de las moléculas. Ellos han hecho anexos para drenar aquello que les he dado. Tiene lugar aún antes del pecado. El procura tejerse a sí mismo en los cimientos. Él se ha sembrado en la tela de la creación. Es por esto que hay un tiempo de rasgar. Yo rasgué el velo en el tabernáculo en el lugar santísimo, y también rasgaré otra vez a Mi pueblo de la tela de la creación y al enemigo de Mi nueva creación. Porque Mi pueblo es una nueva creación; ellos no son simplemente los que han confesado Mi nombre, sino aquellos que verdaderamente me buscan. Estoy separando el trigo de la cizaña. ¿Están listos, están listos? Porque vomitaré de Mi boca a aquellos que no son fríos ni calientes. Porque mis manos han sido forzadas, así que actuaré. Porque previamente permití y cubrí con amor, pero no lo permitiré más. Dada la importancia y el significado voy a hacerlo con un ritmo, como en los días de Ananías y Safira. Clamen como lo hizo David, así yo examinaré sus corazones, así si encuentro cualquier forma ofensiva ustedes pueden ser libres. Porque Mi hijo los hace justos, y yo los veo como justos. Ustedes eligen pecar y ponerse en cautiverio. Porque ustedes conocen las consecuencias. Elijan un campo. Elijan un campo. Elijan un campo y sirvan de todo corazón.

Los corazones a ambos lados están consolidados en la determinación. Suban de nivel. Suban de nivel. Suban; suban. Tomen todo lo que es para ustedes. Un encuentro cara a cara está viniendo. Una batalla cara a cara está viniendo. Serán confrontados en este día que ha de venir por los agentes del enemigo. Necesitan saber que serán victoriosos. Es mi voluntad que ninguno perezca. Necesitan saberlo, necesitan saberlo ahora. Y ellos golpearán primero, pero ustedes golpearán últimos. Él ve ambos lados bajando hacia el valle. El valle me pertenece. Han escuchado decir, "combatan el fuego con fuego". Yo digo combátanlo con agua viva. Mayor es aquel que está en ustedes que el que está en el mundo.

Estoy liberando lo sobrenatural. Señales y maravillas más allá de su imaginación. Cambien la forma de pensar. Cambien la forma de percibir. Fijen sus fundamentos. Cambiando sus fundamentos, crean para ustedes mismos una habilidad para mantener todo lo que es imposible a través de Cristo quien los fortalece. Él está por encima de todas las cosas; él está por encima de todo para el beneficio de aquellos que buscan servirlo. A medida que se sienten a Su lado, ¿serán también sus enemigos su estrado? Esto se trata de posición y exposición. Aquello que el enemigo ha traído contra ustedes, lo voy a separar. Les estoy dando la habilidad de ser los hijos manifiestos de Dios, las cosas manifestadas de Dios para que lo que no es, sea; para abrir los reinos; para restaurar al Cuerpo lo que se había perdido por el ocultismo. Yo soy el redentor de todas las cosas, y aquello que el enemigo ha corrompido Yo lo redimiré a la plenitud y a la gloria de Dios.

Julio 15, 2010 Jana Green

Sus sentidos serán acelerados, para que la creación misma se ponga de acuerdo con los hijos revelados, los verdaderos hijos. No solo un cambio, pero un cambio de mente, de corazón, el cielo en la tierra, está sujeto a esto de común acuerdo, e irán abajo y arriba, se extenderán en la expansión, y negociarán de regreso la gloria de los hijos del hombre. Es una alineación de compromiso, entrenados y los justos perfeccionados, el conocimiento del cielo, el conocimiento del reino de la gloria, el misterio del Reino revelándose, y revelándose, ahora está siendo derramado, y una generación que aún no ha nacido, caminará en lo que ustedes están abriendo, sin las acechanzas, sin la destrucción, sin la guerra, los testigos creativos, hay una reunión en este momento de los muchos que han estado juntos, de asignaciones de gloria, de rollos siendo escritos, siendo cambiados, siendo realineados. El ADN está conectado a la palabra en los rollos, como la luz, el color, la frecuencia. Restaurado, restaurando las almas, aún antes del vientre, ustedes están en comunicación con una semilla eterna. Ustedes tienen la autoridad para declarar lo que aún no ha nacido, para que venga al reino terrenal y a la plenitud de su herencia. Ustedes abrirán, abrirán las puertas, ellas son cruciales. En el momento correcto, en la misma plenitud, ustedes caminarán en la tierra cuando venga la palabra desde arriba, el sonido de la tierra y el sonido del cielo. Paras aquellos que permanecieron firmes, aquellos que mantuvieron la verdad, para los corazones que cambiarían y las mentes que están de acuerdo. Oh, esto es sabiduría, sabiduría de lo alto, de lo bajo, la gloria del centro está por explotar, porque donde fueron hechos juntos, donde la sustancia fue hecha, restaurando el ADN a su gloria aún en este día, porque cada punto y tilde está conectado a la luz, al sonido, al color, la vibración, liberados desde arriba, abajo y serán renombrados, esperanza en el Todopoderoso, esperanza incluso en sus obras, recordando lo que han atravesado, porque esto es un renacer.

Julio 25, 2010 Larry Pearson

Las plaquetas están cambiando hacia la justicia. Sin duda, el Rey de Justicia está siendo revelado. A medida que el Rey de Justicia es revelado, Yo levantaré a Mis hijos e hijas con justicia. Son de una nueva generación; de una nueva semilla. A medida que se pongan detrás de esta nueva generación, ellos abrirán un nuevo camino, forjarán un nuevo camino. Ellos serán como la vanguardia para perforar como una flecha a aquel que se ha alzado contra del rey de justicia. Se extenderán al este, al oeste, al norte y al sur. Ellos se volverán mi nueva brújula. Esto será multidimensional y con multipropósito.

Estoy viendo un torbellino del tamaño de un huracán. ¿Qué es esto Señor? Estos hijos e hijas de justicia soltarán una revolución para dar vuelta las cosas; una revolución para llevar las cosas al punto de partida; una revolución para abrir el tiempo del Padre; de la intención del Padre. Siendo llevados a un nuevo lugar otra vez, a un nuevo lugar en el espíritu; están yendo más profundo hacia lo correcto. Él les va a mostrar algo de la senda antigua, algo de la vieja manera. Hay un nuevo nivel de misterio al que están ingresando con esta habitación con los planos antiguos, y siento que está conectado con la revelación del orden de Melquisedec.

Agosto 6, 2010 Larry Pearson

Belleza de Santidad. Belleza de Mi Santidad. En la Belleza de Mi Santidad. En el seno de la mañana. El amanecer del día. El día del sacerdocio final. El sacerdocio final. El orden final.

Bienvenido a Mis días del Consejo Santo donde el cielo y la tierra se encuentran en el consejo de la Trinidad. Mirad, la hora ha llegado donde el entendimiento está entrando en escena, hablo a sus espíritus y no a sus mentes. Yo le hablo a la imagen Hebrea y la semejanza interior, y no a la mente Griega envanecida. Mirad, el día ha llegado de cruzar al otro lado, de la mente y el orden religioso del hombre. Ustedes no han venido a una religión cristiana sino al que es amor, compasión y lento para la ira. Mirad, el día del entendimiento ha venido donde Mi padre ha emitido juicio contra el sistema que ha querido sustituir al ungido. Esta es la hora y la era donde Él está entregando el gobierno y el reinado, la verdadera substancia de gobernar y del consejo de gobierno de los Reyes y Sacerdotes. Esta es la hora en que yo los alcanzaré, porque mis cimientos han sido establecidos ahora, el resto de la historia.

Mirad, lo apostólico ha llegado en la raíz del avivamiento y la reforma del ejército de los que disciernen. Ustedes harán su parte, ejército del Altísimo, como Mi arma y como Mi instrumento para iluminar con Mi palabra al mundo que les di a los hijos del hombre, con la luz, la nueva luz, una luz más brillante que la de la última reforma. Ahora hay una revelación para ver a Mi Hijo como realmente es. Despiértese el que duerme, despiértense y vengan a fuera por ella. Babilonia caerá así como Mi Reino se tragará a cualquier otro reino. Porque ustedes son Mi reino y mi montaña. Ustedes están cruzando del orden religioso al orden de Melquisedec. A través de la identidad. Yo les daré nuevas órdenes y ustedes serán del antiguo orden de Mi guerrero donde pocos han ido antes. Digo que ahora es el tiempo para que un ejército se levante, una nación santa, un sacerdocio real y ustedes cruzarán un puente este fin de semana y ustedes entrarán a su verdadera identidad de quienes son como nación, Mi nación bajo Dios. Levanten sus ojos porque yo los desconectaré del orden Griego. Estoy comenzando a desconectar su mente de la mentalidad Griega hecha por el hombre. Yo los daré a luz a Mi mentalidad y vida Hebraica. Ustedes sabrán lo que Yo sé y verán como Yo veo. Todas estas semillas darán fruto. Ninguna palabra que viene de Mi boca volverá vacía, sino que dará fruto. Esta es la hora, la convergencia. Dejen ir su mentalidad de conferencia y adicciones y dejen ir a sus otros amores. Dejen ir las cosas sin importancia, cosas menores. Porque un orden mayor ha venido, su Sacerdote Real, Su Rey, Su Amado, Su Novio. Ustedes han perseverado por mucho tiempo. Ustedes han presionado más allá del velo. Ahora descansen. Vean que todo lo tengo es suyo. Hermanos mayores no pisarán esta Carretera Santa. Porque esto se ha preservado para los verdaderos hijos e hijas que están vestidos como verdaderos hijos. Esta es la hora. Manténganse registrando la luz porque se acelerará. Escuchen con su espíritu. Tengan cuidado con la unción interior que les he dado, porque es verdadera. Aprendan a escuchar más con su corazón, y ustedes volarán en las alas de la Palabra y la Palabra discernirá lo pensamientos, las intenciones y las motivaciones y separará a los mercenarios y a los hijos del Reino.

Noviembre 13, 2010 Larry Pearson

Mi ojo de consejo; una convergencia de consejo; entrando en la cámara de consejo, escuchen con su corazón, escuchen con su corazón. A través de muchos peligros, muchos fatigas, los he ayudado a pasarlo, los he ayudado a pasarlo. Los cielos están emocionados, los cielos están emocionados, preparen su corazón para una mejora. Sus viejas armas no funcionarán en lo nuevo. Yo ya he lanzado del cielo un arsenal, un nuevo y mejor arsenal está a la mano. Estoy ubicando a Mi gente en su lugar, Mi ejército en su lugar. Esta será una nueva carrera. Que puedan encontrar el resto de la historia, que me encuentren a Mí, su Descanso, en la historia. Atraviesen, puedo parecer oscuro pero hay luz del otro lado. En lo espiritual y lo natural, todas las cosas son hechas nuevas. Los he tenido que traer a un lugar más ancho y más espacioso, a un lugar más grande. No tengan miedo de mover su tienda, no tengan miedo de levantar sus estacas. Porque Yo estoy con ustedes, no tengan miedo de nada. Estoy llamando a los campeones temibles, a los valientes, llenos de Mi corazón y coraje. El espíritu de Elías los llevará a los hijos e hijas a los cuales los he llamado. El velo está siendo levantado; el velo está siendo levantado; el velo de lo que fue está siendo levantado. No miren al ayer, porque el ayer está muerto y se ha ido.

Febrero 11, 2011 Larry Pearson

El norte magnético no es el verdadero norte. Este día Yo traeré un cambio para desplazar y sustituir los cimentos de la idolatría, de la adoración satánica. Este día he escrito un decreto. Este día suelto un rollo en los cuatro puntos de esta región. Estoy reemplazando la exaltación del espíritu Maya, de los altares mayas, de los antiguos caminos impíos. Yo enviaré Mi aliento, Mi Santo aliento a través de Mi pueblo Santo para derribar torres. El día de la exposición ha llegado. El día de Mi libertador ha llegado. En este día la brújula impía será destrozada, y ahora expido un decreto de una brújula justa y el verdadero norte será establecido. Una compañía de luchadores de la libertad saldrá adelante. Un reino temblando por el despertar de un pueblo santo. Una generación de Jonás siendo expedidos del vientre de la religión. Un día de verdadera libertad. Un día de alineación. Un día de asignación. Establecido del cielo a la tierra. No teman a la maldad, pero confíen en lo que es bueno y verdadero. Un rasgar de falsos poderes. Estableciendo hijos del Reino. Campeones nacidos del reino. Grandes maravillas y señales nacerán de los hijos del Reino. Juntos volamos, juntos nos elevamos. Fresco entendimiento de lo que ha sido comprado. Sus ojos de entendimiento serán llenos con una nueva luz de lo que he logrado para Mi día de fortaleza. Las aguas de maldad retroceden. Aguas de maldad retroceden. Échense para atrás. No existan más. Porque ahora es mi tiempo, si mis leones rugirán. Tomen el dominio. Tomen el dominio. Ejecuten el dominio. A través del estilo de vida que ven. Destrozará los mitos de los que quieren ser. A través del estilo de vida ustedes verán Mi plenitud.

Mayo 29, 2011 Jana Green

En servidumbre para acceder a las puertas, el gran intercambio. Porque lo que estaba cerrado será abierto y lo que estaba abierto será cerrado. Ustedes irán y saldrán y cambiarán la región. Restauren el ADN para que los hijos de Dios sean revelados. Sus sentidos serán acelerados. Esa creación se pondrá de acuerdo con los verdaderos, con los hijos verdaderos. No solo una variación pero un cambio; un cambio de mente; un cambio de corazón. El cielo en la tierra está sujeto a un acuerdo como este. Irán abajo e irán arriba. Extiéndanse en la expansión y negocien de regreso para la gloria de los hijos del hombre. Es una alineación de compromiso. Entrénense y el justo sea perfeccionado, el conocimiento del cielo, el conocimiento del reino de la gloria, los misterios del Reino revelándose, ahora está siendo derramado. Una generación que no ha nacido todavía caminará en lo ustedes están abriendo, sin las acechanzas, si la destrucción, sin la guerra espiritual. Testigos creativos. Hay una reunión ahora de los muchos que han llegado juntos. Misiones gloriosas. Rollos siendo escritos, cambiados, realineados.

El ADN está conectado a la palabra en los rollos; a las frecuencias, los colores, las vibraciones y los sonidos. Restaurando las almas aún antes de estar en el vientre. Ustedes están en comunicación con la semilla eterna. Ustedes tienen la autoridad para declarar que lo que todavía no ha nacido venga al reino terrenal la plenitud de su herencia. Ustedes abrirán, abrirán, abrirán las puertas. Ellas son críticas. En el momento correcto, en la plenitud del tiempo, ustedes caminarán en la tierra cuando la palabra venga de arriba. El sonido de la tierra y el sonido del cielo conectarán el arco del poder.

Voy a establecer cuatro veces el fundamento, el ancla del trono de justicia y la justicia será dada a conocer. La rueda dentro de la rueda se sentará otra vez en la tierra. Ustedes irán donde vaya el espíritu e irán renacidos. Mis ojos van hacia y para aquellos que están atravesando; para aquellos que se mantuvieron firmes, para aquellos que mantuvieron la verdad, para los corazones que fueron cambiados, las mentes que estuvieron de acuerdo.

Sabiduría de arriba y de abajo; la gloria del centro está a punto de explotar. Donde fueron formados, donde la substancia fue hecha restaurando el ADN a su gloria aún en este día. Cada punto y acento está conectado a la luz, sonido, color y las vibraciones. Soltado desde arriba y desde abajo, será renombrado. La esperanza en el Todopoderoso. La esperanza en Su obra; recordando lo que atravesaron, para esto es el renacimiento.

Junio 18, 2011 Jana Green

Manténganse cambiando. Sigan moviéndose. Es el camino santo. Cuando entran a las puertas, ustedes abren la expansión. Es aún más amplio para un mayor avance.

Es un paso de fe. Abre los reinos. Ustedes deben aprender y experimentar el camino de la anchura y la expansión. Muchos confiarán, y muchos maniobran y crean desde este reino la administración del Dios Creador; le es dado al hombre. Quiero soltar la unción para obras mayores. Ustedes confíen en mí, confíen incluso en las obras que Yo hago. Así su mente es expandida. En su imaginación sonará la verdad. Santificado por las palabras santas, por los sonidos del creador; cambiando; yendo dentro y fuera. El misterio es difícil de explicar. Quédense donde están, pero Yo los muevo al ámbito del Reino. Ustedes han sido apartados como un abandono santo. No es que ustedes sean huérfanos, pero Yo he probado el corazón que busca mi rostro.; que busca el rostro del Santísimo. Para revelar el misterio del Dios de Daniel quien es su juez. Practiquen. Aprendan de esta forma. Experimenten. Es una plataforma de justicia para que ustedes puedan estar de acuerdo; cambios en el cielo y en la tierra para que ustedes puedan ponerse de acuerdo. Construyan sobre lo que aprendan para la aceleración de la sabiduría. Estoy derramando de mi Espíritu sobre toda carne. El remanente divino es conocer el misterio a través del cielo y la tierra, el misterio creativo sobrenatural de los verdaderos testigos de Yahweh. Porque los verdaderos hijos están en la tierra, los hijos revelados.

Octubre 25, 2011 Larry Pearson

Responder al llamado de la sabiduría, abre la caja de los tesoros que ha estado escondido. Muchas llaves nuevas. Aprendan de una rodilla doblada como verme, sabiduría. Enséñenles a prestarme atención, enséñenles sabiduría. Estoy develando misterios antiguos en este tiempo para soltar a los hijos del hombre, para redimir la creación. Así como los hijos del hombre se despierten a la verdadera identidad de los hijos de Dios, la creación temblará mientras despierta. Mirad, Yo hago todas las cosas bien. Tomo lo que es una trampa y lo vuelvo un vientre para dar a luz los tesoros fuera de la oscuridad. Identidad renacida.

Octubre 15, 2011 Larry Pearson

Una restauración de los hijos; una restauración de la verdadera hombría; un revertir de maldiciones antiguas; una restauración del verdadero espíritu guerrero, un espíritu guerrero de amor, de compasión, de verdadera ternura y misericordia y un desalojo del espíritu del Anticristo. ¿Quiénes son estos filisteos incircuncisos? Hay asesinos gigantes en la habitación. Ustedes los matarán con el respirar de su amor. Ustedes los matarán con las obras de su misericordia. Los cimientos están temblando y hay un rehacer de los verdaderos hombres de amor, compasión, de corazón tierno en la naturaleza y la presencia del Cristo interior. Miren hacia arriba, su redentor se ha acercado. Yo soy el Señor del mar y haré que las naciones vean que soy el Señor del mar.

Octubre 13, 2011 Larry Pearson

Es un momento decisivo, la preparación de un pueblo que vaya a nuevas alturas y nuevas dimensiones para abrir una puerta oculta. La montaña del Señor está por ser revelada; la preparación de un pueblo que habite en la montaña del reposo para conocer lo mejor que tengo, para escuchar y conocer, para saber y escuchar. Este es un tiempo estratégico en el reloj del Padre. Los hijos de mi reino construirán el brillo de los gloriosos levantándose y brillando como un faro de gran luz. Hay un aceite dorado a ser vertido sobre el pueblo; mucha libertad, mucha libertad. Hay una convergencia, una convergencia de unción, de llamados para la hora de la restauración de un pueblo, para que la reforma sea traída de vuelta, para mirar lo nuevo. Tiempo estratégico para venir y cenar; las cosas escondidas serán ahora reveladas.

Caballos: hay un envío de caballos veloces, caballos veloces, dentro de los ámbitos de aceleración. Discernimiento, discernimiento, discernimiento; con las llaves del discernimiento ustedes quitarán las enfermedades y las dolencias de la gente. Hay pozos de sanidad en la tierra, pozos de sanidad en la tierra. Personas están siendo preparada como sanadores de una nueva generación.

Octubre 25, 2011 Larry Pearson

Celeste. Huevo petirrojo azul. Hay huevos para ustedes. Huevos en un nido. Aquí viene lo mejor. A medida que se sienten y esperen Yo haré salir del cascarón la grandeza. Vengan a las alturas. Hay derechos legales para dar nacimiento a lo nuevo. Hay documentos para ustedes. Entrenamiento para reinar a través de las sendas antiguas a los pies del Anciano de Días. Entren en Mi reposo y dejen salir del cascarón lo mejor. A medida que ustedes crean, recibirán órdenes para marchar. Ellos están esperando en las alas. Un nuevo envío de seres. Un ejército de santos levantándose a nuevos niveles de estatura. Hijos del Reino. Maduros por naturaleza y por razones de uso. Este es el momento de ir de regreso al futuro. Regresar para avanzar. Madres y padres. Hijos e hijas. Títulos de propiedad para la familia, los hijos y las hijas. De sus lomos vienen transformadores del mundo, quebrantadores de cultura. Estoy soltando una nueva vibración para tocar una nación, una nación santa.

Octubre 25, 2011 Jana Green

Esta es la culminación, la fusión de dos. El reino del cielo y de la tierra, culminando. Ellos le enseñaron a este ejército a levantarse, por el justo han sido perfeccionados. El cielo ha estado esperando este día por un largo tiempo, para que los hijos de Dios tomen su posición en la autoridad de los ejércitos del Señor. Es por el bien de la tierra, por el bien de Israel, por el bien del cielo. Están lo que están siendo levantados en la tierra, aquellos que son llamados Santos. Algunos están siendo entrenados en secreto. A otros se les está dando más estrategia. Descargas de intervención divina para que los reinos de este mundo se vuelvan los reinos de nuestro Señor. Esta es la culminación.

Mayo 22, 2012 Jana Green

Les ha sido dado a conocer el derecho al pasaje, al camino seguro, la autopista; a conocer la autoridad del Reino de Dios. Dejen que los redimidos lo digan, porque el Reino de los Cielos está a la mano. Y lo estuvo para Elías para orar por la lluvia. Lo primero que vio, una nube del tamaño de la mano de un hombre. Toda autoridad para el Reino de Dios está en la mano del hombre. Así que el ojo del Señor está en Israel, la ciudad del gran Rey, Jerusalén. El Príncipe de Paz es siempre la cabeza del gobierno, y no se terminará. Ustedes son llamados al Monte de Sion, a la nueva Jerusalén, a la multitud de ángeles. Este es el orden, el protocolo; para la asamblea general; para Dios, el juez; para el espíritu del hombre justo, hecho perfecto; para Cristo, el mediador y el sonido de la Sangre la cual le habla a un mundo mejor. Porque el consejo de Dios está en los hijos revelados. Este orden, este gobierno, está alineado al espíritu del hombre justo hecho perfecto. Porque lo que fue, es y lo será ahora. Ustedes son los conectores que liberan la esfera creativa del cielo en la tierra. ¿Así que lo que es atado en el cielo es atado en la tierra? El verdadero orden del gobierno. Abran, abran, abran, abran. Puertas como en un corredor. Abriendo, abriendo, abriendo. Hay un gobierno de reino establecido por puertas. Algunas son la mente del hombre. Otras eran puertas del cielo. Una esfera de influencia. Hay un fallo todavía, determinado a dar vuelta la batalla. Ustedes las están atravesando.

Junio 30, 2012 Jana Green

Los guardianes están alineados con la autoridad que entra y sale para la comunicación entre los santos y la tierra, para informar al cielo. De esto se tratan ellos. La creación está sujeta a la criatura, la verdadera autoridad en la tierra. Su autoridad se encuentra en su identidad y su valor. Los hijos de Dios son los que obtienen la resurrección de la muerte; porque todas las familias del cielo y en la tierra derivan de su nombre, crezcan dentro de la cabeza. Color es una entidad donde las frecuencias entran y salen. Todo se trata de la vibración. Muchas frecuencias hacen al color; ellos entran y salen. Ellos cambian como un prisma cromático. Los hijos de Dios son los que revelan la imagen, porque el Reino de Dios habita dentro. Ustedes son la imagen divina para liberar el cielo, porque ahí es donde comienza. El color está ligado a las frecuencias, el partícipe divino de la imagen divina. Porque todo en la vida y en el gobierno le ha sido dado a los hijos. La sanidad ha sido dada, ahora comenzó. Hay un tiempo que está viniendo, y es aquí y ahora, para que los hijos de Dios sean revelados. Se ha dicho mucho, y hay más por venir, para que la naturaleza divina sea revelada. La creación está sujeta a la futilidad de aquel que la ha sujetado, con la esperanza del que el presente manifiesto será recreado. La verdadera autoridad en la tierra ha sido dada a los hijos del hombre. El saber quiénes son es el plan divino. Así que mientras el hombre piensa, por el deseo interior, como él lo percibe lo posiciona. La mayor autoridad está dentro. Aprendan más del certero, las frecuencias del cielo y las frecuencias del hijo.

Agosto 7, 2012 Lewis Crompton

Abran los corazones, abran las mentes. Es el tiempo de deshacer el crimen del diablo. He esperado una edad y media para matar al toro, para matar al becerro, ¿Están listos para la gran exposición? Se los doy en un plato; se los doy en bandeja. Es la gloria de Dios encubrir un asunto. Y con la revelación viene el poder para destrozar. Solo a mis hijos les revelo lo que está escondido. No les digo mentiras, no estoy bromeando. Esta es revelación para un tiempo y una temporada. Estoy manifestándome más allá de su razón. El enemigo ha cometido alta traición. Los muertos han estado muertos; muertos por mucho tiempo. Estoy liberando los secretos de la vida; los ladrillos de la resurrección; los preceptos de la manifestación; para que ustedes puedan caminar como Jesús, hijos en una perfecta relación. La percepción no es un ideal es una realidad. Perfección es una ubicación y una acreditación. Percepción es una ubicación. Cambien su ubicación. Cambien su percepción. Levanten un aleluya.

Las banderas todavía vuelan por la noche pero solo pueden ser vistas en el día. El sol está saliendo para exponer la bandera del pirata, demasiados piratas en la comunidad. Descrucen sus huesos y bajen sus piedras. Hay una mejor forma de comunicarse que con piedras. Estoy llamando al remanente; es una frecuencia diferente, un sonido diferente. Está viniendo a través de la tierra, está dando a luz. Miren, la tierra está comenzando a gemir. Las plantas que había plantado están creciendo ahora. Estos son los engranajes de la guerra; los engranajes de la decisión; las oraciones traen precisión. El enemigo ha puesto un cerco pero Mi pueblo será libre. ¿Son lo suficientemente valientes como para declarar la guerra con el Capitán de los Ejércitos?

[Los hijos caídos de Dios] son ladrones. Son ladrones de las riquezas. Son ladrones de la soberanía. Son una farsa. Son engañadores. Ellos tienen representantes en la tierra en posiciones de alta autoridad. Ellos están en sus gobiernos. Ellos están encarnados en cuerpos en la tierra. Tienen contrapartes humanas, anfitriones humanos. Ellos tienen hijos y tienen esposas. Ellos son burladores de Dios. Ellos se han injertado a sí mismos en sus ADN. Las enfermedades vienen de ellos. Vénzanlos, venzan la enfermedad. Ellos son los diseñadores del cáncer y los hacedores de las enfermedades mentales. Ellos traen dolor y sufrimiento. Ustedes los vencen cuando vencen el sufrimiento. Es por esto que la autoridad de Cristo fue hecha perfecta mediante el sufrimiento. La perfección es desconectarse de los hijos caídos. Perfección es conexión con el Hijo perfecto. Si sus ojos los lleva a pecar, remuévanlos del campo del enemigo. Sáquenlos de las garras de los caídos. Dios quiere deshacer el acuerdo hecho con los hijos caídos de Dios, un pacto hecho con el enemigo que es más antiguo que el pacto de Dios. Ellos no saben con quiénes están lidiando. Piensen en el estrago que un hijo caído trajo, y eso multiplicado por millones. Estoy soltando una nueva revelación del ser hijo a aquellos que heredan el Reino. Los hijos verdaderos detectan a los falsos. Un hijo verdadero no solo toma, sino que trabaja en la herencia de su padre.

Estoy recibiendo instrucción del Padre. Escuchen Mis instrucciones, Mi hijo. Es tiempo de salir de este lugar. Es tiempo de ser liberados del campo del enemigo. Ustedes han sido prisioneros de guerra.

Algunas personas dicen que no hay guerra. Yo les pregunto, "¿Cómo piensan que un Reino es establecido?" Porque Yo gobernaré y reinaré sobre todo lugar, reino, esfera y dimensión.

Veo un canasto con planos.

Larry Pearson continúa:

El reino está aquí. Yo he abierto una puerta. Estoy levantando Mi mano. Ustedes son parte de Mi mano, para tocar la tierra, para volverse Mis dedos, para ejecutar la realidad del reino en la tierra a través de Mi mano. Una unción para ver. La designación de los dedos de Dios, los dedos de Dios para traer juicio en contra de los sistemas. Los sistemas antiguos deberán caer. Esta es la hora donde sus corazones serán llenos del poder para ver como Yo veo, para ser lo que los he llamado a ser. Sus corazones se inclinarán y se quebrarán porque esta es la hora para un terremoto espiritual. Esta es la hora para que el cuerpo de Cristo suene en tiempo. Esta es la carrera, esta es una nueva carrera, esta es una nueva carrera, no es una carrera de velocidad. Esta no es una carrera de velocidad. Es una carrera de postas, de postas generacionales porque el consejo está aquí para darles el bastón a quien haya sido elegido. Dejen que los corredores se levanten en el desierto; dejen que los corredores se levanten en el desierto. Todos, manos a la obra. Corredores de los últimos tiempos, corredores generacionales, ocupación generacional. Los verdaderos ocupantes correrán con el bastón del Anciano de Días y correrán y encontrarán las sendas antiguas. El Jefe de todos los jefes ha venido a redimir la tierra, a revelar Su mano. Él no está aquí para tomar lados. Él está aquí para tomar el control, porque ya no habrá más un equipo dividido. Ellos levantarán un bastón y serán una generación de poder, de gloria, de amor, amor, amor… corredores de amor, amor del Padre, sacudiendo y horneando. El santo, ustedes están en el horno de su Padre. Creen que está caliente ahora, prepárense; hay una ola de calor que ha tocado este continente. La gloria del Padre ha descansado sobre este continente, horneará y sacudirá con el amor del Padre, porque Elías ha abierto el horno de Dios. Él los refinará y los definirá, oh continente, en Norte América ustedes hornearán, ustedes sacudirán el fuego del Perfecto Amor que sacará fuera todo el temor. La orfandad caerá dentro del mar y los hijos de Dios y el consejo de Dios y la comisión de Dios y las piedras vivas serán levantadas una sobre otra. Los días de habitar están llegando. Él está llamando a que venga lo corporativo, lo corporativo de la casa del Padre construida por el Espíritu, y quitará el sistema, el sistema de orfandad, y será la familia de Dios.

Agosto 7, 2012 Dawn Bray[228]

Hoy, Yo los he traído a la tierra de los vivientes. He redimido otro lugar en la profundidad. Los llamo a caminar como los hijos de Dios ligado al Hijo perfecto de Dios, irradiando Su gloria. La sanidad se manifestará desde esta revelación. Relaciones serán restauradas. Esto es un bloque de construcción. Precepto sobre precepto, línea sobre línea, Yo revelaré las piezas. Yo soltaré conectores y haré conexiones divinas. Yo estoy restaurando Mi orden divino, Mi gobierno, Mi Reino, Mis caminos. Ha sido un muy buen día.

Agosto 18, 2012 Jana Green

Declaren a los reinos; tomen sus posiciones; declaren a los reinos. Todo debe inclinarse ante los resucitados, estos son los hijos verdaderos, los hijos revelados. Es más fácil de lo que piensan. El poderoso debe inclinarse ante los hijos verdaderos, los hijos revelados. Solo tomen un trago. Porque el reino de los cielos está a la mano. Declaren a la creación, declaren a la tierra. Sobre lo que ustedes escogen aquí, una sentencia será proclamada. Desde el cielo a la tierra, Yo libero Mi nombre. La restauración es mía. La administración es mía. La regeneración es mía. Las generaciones son mías. Dejen que las piedras clamen, para que el cielo las escuche. Hay un acuerdo en la tierra. Un plan de resurrección. Sus percepciones están cambiando, porque lo que vean van a creerlo. El Señor es bueno. Oh, Él es Bueno.

Agosto 25, 2012 Jana Green

Un consejo espera con una plataforma de justicia. No un consejo ciudadano, no un consejo de gobierno, pero un consejo divino para juicios. Hay uno determinado junto con otros dos que está aquí entre ustedes por venir. Una plataforma que espera tocar. Muevan a los hijos. La justicia será servida para los resucitados. Los hijos verdaderos. Un remanente revelado será escuchado. El cielo espera para acoplarse a los hijos verdaderos. El sonido, el sonido. El León de Sion ha venido.

Octubre 11, 2012 Rob Gross

Hay un nuevo lanzamiento de poder y autoridad viniendo sobre Mi pueblo para hablar el evangelio de una nueva manera. Porque la oscuridad ha sido removida y Mi luz está comenzando a salir. Lo que el enemigo pretendió para mal lo estoy tornando para el bien de Mi pueblo. Porque en los días pasados, Yo engendré a los poderosos héroes de la tierra, pero en esta hora, estoy engendrando y lanzando a Mis hijos e hijas y ellos también serán héroes poderosos. Estoy haciendo sonar una trompeta que lanzará un sonido que reunirá gente internacionalmente para abrazar el cambio de atmósfera. Una nueva época; un nuevo día; una nueva dimensión; la expansión de Mi Reino hasta los confines de la tierra.

Noviembre 13, 2012 Lewis Crompton

Es una cultura de música; es una cultura de alabanza. Cantando sobre la sangre de aquel que fue resucitado. Aprendiendo a ser hijos, aprendiendo a ser herencia. Aprendiendo a desechar el mundo y sus preocupaciones. Los estoy trayendo a un lugar más amplio; se los estoy revelando cara a cara. No es para uno, es para muchos. Este es el fruto, este es el fruto. Más vino, más vino, más vino; estoy viniendo con una señal. Es tiempo de alinearse. Es tiempo de descubrir la antigua línea de plomada. Estoy profundizando; estoy perforando profundo; la subida es rápida, es empinada. Es una curva de aprendizaje como nunca antes. Ustedes van a aprender a acceder a mi depósito. Abran el portón; abran la puerta. Siempre hay más; siempre hay más. Los amigos son libres, y ustedes son libres de sus amigos. Estoy enderezando los caminos torcidos. Es tiempo de oscilar, tiempo de cambiar; cuando estén buscando oro, tienen que tamizar. Primero buscan; luego encuentran; ustedes están buscando un tipo en particular. Cuando lo encuentren, luego pésenlo. No pueden pesar lo que no han encontrado. ¿Cómo pueden pesar el sonido? No pueden. Los estoy haciendo avanzar en el camino; este es el fruto de lo que han sembrado.

Noviembre 14, 2012 Lewis Crompton

Conductos de poder
Esta es una torre de poder
Esta es la hora del poder
El tiempo ha llegado para lo que necesita ser hecho
Para revelar al Hijo glorioso
Quítense los tapones de los oídos
Abran los antiguos compartimentos
Remuevan las falsas piedras angulares y enciendan un fuego
Permanezcan en la presencia
Permanezcan en el lugar de habitación
Esto comienza y termina en el tabernáculo

Lugar Santísimo
El Santo es santo
Nubes de ajuste de cuentas
Nubes de redención
Cientos están viniendo pero cientos están gritando
Quiero que el llanto de Mi pueblo sea más alto que los gritos.
Las lágrimas han sido hechas para los ríos.
Ríos de sanidad
Este río fluye hacia arriba, río que fluye hacia arriba, hacia el torno, hacia el Rey, hacia el sol.
Repiensen sobre el hijo pródigo
Porque él ha sido vuelto a despertar en su entendimiento de ser hijo.
De que él era el hijo de su Padre, un hijo de Dios,
Como lo fue en el comienzo
Lo será al final.
El hijo que se quedó ¿era realmente hijo, cuando nunca conoció al Padre?
Así que los estoy trayendo a casa
Fuera de la fosa de los cerdos
Salgan de entre los cerdos
Porque los he encaminado a la madurez
Los he encaminado hacia la revelación
Y los he traído a este destino
Para esta revelación
Para que los hijos de Dios sean revelados
Y el enemigo sea puesto de rodillas
Su propiedad ha sido derogada
Y su destino ya ha sido sellado
Tiempo de ganar
No hay tiempo para el pecado
No hay tiempo para perder
Ahora pueden parar de perder
Paren de perder tiempo
Lo que estaba enormemente sucio será lavado
Y los que son impuros serán vistos
Así como revelo a mis hijos verdaderos
No son días de oscuridad, son días de claridad

Donde la oscuridad es vista, porque la oscuridad y la luz son
vistas por la luz
Aunque gobierne la decepción ustedes sabrán la verdad
Este ha sido mi propósito, que ustedes no sean engañados
Aunque el final este cerca
Los sostendré en alto

Noviembre 2, 2012 Jana Green

Por el Espíritu, por el Espíritu, la promesa. Nacido de las mujeres
liberadas está Isaac, El prometido. Enviado a redimir la carne por la
regeneración, por el lavado con el Espíritu. Ustedes escucharon que
son todos hijos, y ustedes lo son. Ustedes son todos dioses, y lo
son. Desde el lugar de origen, desde donde comenzaron. Ustedes
tienen que acordar que quieren esto. Ustedes deben acordar para
saber. Su heredad les ha sido dada, toda escrita en un rollo. Antes
de que un día pasara, ya era de ustedes. Pero fue negociada, así que
fue alterada.

Si ustedes me han seguido a través de esta regeneración, ustedes
también se sentarán en los tronos a juzgar a los hijos de Israel. Lo
que ustedes han rendido por Mi bien, lo restaurarán, lo que estaba
perdido y todo lo que estaba perdido volverá a su lugar. Poniéndose
al día. Se encuentra en estado latente. Los tesoros dentro de Reino
de Dios. El Reino de Dios está dentro, ahí es donde comienza.
Ustedes perdieron de vista la meta antes de que llegara el tiempo. Su
herencia era rica cuando ustedes percibían falta. Por el sonido y la
luz, sus frecuencias, sus vibraciones. Se trata de las piedras. Se trata
de la regeneración.

Les ha sido dado el negociar nuevamente por su ADN. Porque el
orden de Melquisedec ha hecho este día. El sonido engendra la luz,
la fuerza creativa. Porque la transferencia está esperando,
transferencia para el curso. La creación misma está gimiendo y Sion
no puede esperar. Estos que están aquí han estado esperando por la
revelación de los hijos, así que no es muy tarde. Sus posiciones son
seguras; el pacto fue hecho. Renuncien a los otros pactos, porque
este es el día. Ha sido escrito, ahora ha sido registrado. Estas son las

coronas; tomen lo que es suyo. El gobierno a la puerta, lo que ha sido dado en matrimonio, no es muy tarde.

GLOSARIO

Acab - *Un rey malvado de Israel; casado con Jezabel; abrió las puertas espirituales de Israel a la influencia demoníaca de Baal a un nivel nunca antes visto*

Apokalupsis - *Palabra griega para revelación; exponer; que aparece, viene, ilumina, desnudar o descubrir, y tiene que ver con exponer algo que ha estado oculto, o traer a la luz lo que se ha mantenido en la oscuridad.*

Amrafel - *Rey de Sinar-; quizás Nimrod*

Angelos - *Origen griego para ángel; mensajero*

Apis - *dios egipcio del toro sagrado, o dios de la vaca (bovino): También conocido como Hathor*

Apokaradokia - *Palabra griega para "expectante"; queriendo decir 'esperar con la cabeza levantada y la mirada fija en ese punto del horizonte desde el cual el objeto esperado está por venir'*

Arioch - *Rey de Elasar; significa sirviente del dios de la luna; puede haber sido el nieto de Nimrod*

Astarot - *Mujer, diosa del sol; también conocida como Shamash*

Baal - *Sustantivo semita que significa señor, propietario, o patrón; dios supremo adorado en Canaán y Fenicia; considerado el líder de los gigantes; dios de la fertilidad; también conocido como Yerah, Apolo, Júpiter, Nimrod y Saturno; involucraba la prostitución como ritual en los templos y sacrificios humanos, usualmente el primogénito de quien hacía el sacrificio; príncipe del inframundo*

Babilonia - *Puerta de enlace del dios; ciudad fundada por Nimrod*

Bazán - *Golán; región en la que vivió Rephaim; significa el lugar de la serpiente*

Ben-Ammi - *Hijo de Lot; padre fundador de los Amonitas*

Bene (ha) elohim - *Hebreo para hijos de Dios*

Bera - *Rey de Sodoma; Bera significa hijo de maldad*

Birsa - *Rey de Gomorra; Birsá significa hijos de maldad*

Brephos - *Griego para bebé*

Chiun- *dios asociado con Saturno*

Elasar - *Pudieron haberse situado en el sur de Babilonia*

Elohim- *Hebreo para Dios (singular)*

elohim (con e minúscula) - *Hebreo para dioses (plural); los seres que habitan en el plano espiritual de la realidad*

Emitas- *Pueblo considerado como gigantes por los moabitas*

Enacitas - *Personas consideradas como gigantes; una mezcla de animal y de hombre y un elohim*

Eres - *Palabra hebrea para tierra; también traducida en ciertos contextos como el Seol o el inframundo*

Estrella de la mañana - *Identificados en la versión Reina Valera como Lucifer*

Faraón - *Egipcio, dios principal de Egipto (primogénito)*

Filiación - *Una posición, no salvación; que nos concede la autoridad para liberar el Reino de Dios en la tierra*

Fractal - *Una forma geométrica irregular o fragmentada que se puede subdividir en partes, cada una de las cuales es (al menos aproximadamente) una copia más pequeña de la totalidad; es un patrón sin fin*

Geb - *dios egipcio de la tierra (jejenes)*

Gólgota - *Significa el lugar de la calavera; posible lugar de entierro de Goliat, lugar de la crucifixión de Jesús*

Goliat - *Guerrero filisteo; un gigante; un Anac; puede significar descubrir, remover o exiliarse o puede indicar la manifestación de una persona, un secreto o un mensaje*

Hades - *El inframundo griego (sustituido por…)*

Hapi - *dios egipcio del río Nilo (agua)*

Harán - *Sitio del templo del dios de la luna, Sin; lugar donde Taré ocasionalmente se estableció*

Hathor - *dios egipcio del toro sagrado, o el dios de la vaca (ganado); también conocida como dios Apis*

Heqt - *dios egipcio del nacimiento (ranas)*

Hijo de Dios (con h mayúscula) - *Jesús, el Unigénito Hijo de Dios*

Hijos caídos de Dios - *Aquellos que se juntaron con las hijas de hombre para producir los Nephilim*

hijos de desobediencia (nótese la h minúscula) - *Mencionado en Efesios 2:2*

hijos de Dios (nótese la h minúscula) - *Seres espirituales creados que pueden ser caídos o revelados*

Hijos de Dios - *Hijos de Dios que han sido redimidos por la sangre de Jesús*

Huios - *Griego para hijos maduro, plenamente desarrollados que han alcanzado la edad de plena madurez*

Huiothesia - *Griego para filiación, refiriéndose a la posición de un hijo que tiene los derechos y privilegios de la herencia; adopción como hijos*

Isangeloi - *Frase griega para 'pues son iguales a los ángeles'*

Iselle - *Hebreo para devotos a Dios; turco para rayo de luna o como la luna*

Ishtar - *La reina del cielo*

Isis - *diosa egipcia de la curación (forúnculos)*

Jericó - *La Ciudad de la Luna; centro espiritual para el culto de las estrellas en Canaán*

Jeroboam - *Primer rey sobre Israel después de la división de Judá*

Jezabel - *la esposa del rey Acab; hija del rey Etbaal de los sidonios; nombre que quiere decir '¿Dónde está el Príncipe?', un grito en los cultos rituales en honor a Baal; como reina, trató de matar a los profetas de Dios, mientras que se levantaban 450 profetas de Baal y 400 profetas de Asera*

Julio - *Español para barba suave, pelo suave, implicando alguien joven*

Katartizo - *griego para equipar, es decir reparar las redes*

Kheper- *dios egipcio de los escarabajos (moscas)*

Longitud impía - *Lugar espiritual dentro de los lugares celestiales donde residen los huérfanos*

Lupus - *latín para lobo*

Melquisedec - *sumo y eterno sacerdote, que más tarde vino como Jesucristo; Rey de la Paz (Salem); Rey de Justicia*

Misr - *Un derivado de Mizraim, nieto de Noé; egipcios*

Moab - *Hijo de Lot; padre fundador de los Moabitas*

Moloc – *Deidad jefe sobre los cananeos; hijo caído de Dios; rey; un dios a quien se le hacía sacrificio de niños*

Monte Carmelo - *Sitio donde el profeta Elías derrotó a los profetas de Baal y Aserah*

Nachash - *Adjetivo hebreo para el que brilla; serpiente*

Nephilim - *Descendencia de los hijos caídos de Dios y las hijas de los hombres; gigantes*

Nimrod - *Bisnieto de Noé; maldad*

Nut- *diosa egipcia del cielo (granizo)*

Orphanos - *palabra griega para huérfano, y se traduce como huérfanos*

Panteón - *dioses de las naciones en la tierra, o 'dioses de los pueblos'; hijos caídos de Dios*

Quedorlaomer - *Rey de Elam; significa sirviente de Lagamar, diosa en el panteón elamita*

Quemos - *dios al que se le hacían sacrificios de niños*

Ra - *dios egipcio sol (oscuridad)*

Roboam - *Hijo de Salomón, quien le sucedió como rey; con tanta maldad, que Dios dividió el reino a Judá e Israel, removiendo su autoridad de 10 tribus*

Rephaim - *palabra hebrea traducida como fantasmas de los muertos; sombras; los hundidos o los que habitan en el inframundo; gigantes; espíritus de los difuntos*

Refán - *El dios asirio de Saturno; quizás se refiere a Repa el dios egipcio de Saturno*

Rey de Bela - *Rey de Zoar; Bela significa destrucción*

Samsung - *palabra coreana que significa tres estrellas, con tres en representación de algo grande, numeroso y poderoso; y las estrellas que significan la eternidad*

Saturno - *el dios estrella*

Semeber - *Rey de Zeboim; significa alto vuelo*

Set - *dios egipcio de los cultivos (langostas)*

Seol - *Palabra hebrea para el inframundo*

Shamash - *diosa del sol de los Cananeos; consorte de Yerah; el nombre cambió posteriormente a Astarot*

Sikkuth - *Referencia babilónica a Saturno*

Sinab - *Rey de Adma; unido al dios de la luna, es decir, el pecado es mi padre*

Sinar - *Probablemente una referencia parecida a Babilonia o al sur de Mesopotamia*

Taré - *Padre de Abraham; establecido en Ur*

Teknon - *Adolescentes*

Theos - *Palabra griega para Dios*

Tidal - Rey de las naciones; posible conexión hitita

Ur - *Ciudad de la luna*

Valle de Rephaim - *Valle de los Gigantes, o Valle de espíritus*

Yada – *palabra hebrea para conoció*

Yerah - *dios de la Luna; dios principal del panteón cananeo; nombre cambiado posteriormente a Baal*

Y'rn-sha-lah-Yim - Jerusalén; *Yara, la primera mitad de Jerusalén, significa echar, dirigir o instruir como 'el camino a seguir'; Shalem, la segunda* *mitad de Jerusalén significa 'completar, reparar el daño, restitución o restauración'*

Zomzomeos - *Personas considerados como gigantes por los amonitas*

*NOTAS FINALES

Capítulo 1

1. También, Refán y Romphan

2. Kaiwan - tal vez significando santuario

3. Oswalt, J. N. (1999). 1491. In R. L. Harris, G. L. Archer, Jr y B. K. Waltke (Eds.), Vocabulario Teológico del Antiguo Testamento (R. L. Harris, G. L. Archer, Jr. & B. K. Waltke, Ed.) (electrónico ed.) (623). Chicago: Moody Press.

4. Gooding, D. W. (1996). Kaiwan. In D. R. W. Wood, I. H. Marshall, A. R. Millard, J. I. Packer & D. J. Wiseman (Eds.), Nuevo Diccionario Biblico (D. R. W. Wood, I. H. Marshall, A. R. Millard, J. I. Packer & D. J. Wiseman, Ed.) (3rd cd.) (642). Leicester, Inglaterra; Downers Grove, IL: Intervarsity Press.

5. Oswalt, J. N. Vocabulario Teólogico del Antiguo Testamento, 623

6. Wikipedia, Enciclopedia electrónica gratis; http://en.wikipedia.org/wiki/Samsung

7. Moloc, Molekh, Molok, Molek, Molock, o Moloc

8. También, Milcom, dios nacional de los Amonitas

9. Myers, A. C. (1987). Diccionario Bíblico Erdmans (728). Grand Rapids, MI: Eerdmans.

10. Strong, J. (2001). Concordancia Bíblica Strong. Bellingham, WA: Logos Bible Software.

11. 2 de Reyes 21:1-6, 2 de Crónicas 28:1-4

12. Hechos 7:43

13. Herrmann, W. (1999). Baal. In K. van der Toorn, B. Becking & P. W. van der Horst (Eds.), Diccionario Bíblico de los

dioses y los demonios (K. van der Toorn, B. Becking & P. W. van der Horst, Ed.) (2nd extensively rev. ed.) (131–139). Leiden; Boston; Köln; Grand Rapids, MI; Cambridge: Brill; Eerdmans.

14. Ídem., 131-139.

15. Ídem., 131-139

16. Oseas 2:16–20

Capítulo 2

17. Lupus es la palabra latina para lobo.

18. El adverbio 'antes' es el mismo que en Génesis 2:5, *"... cuando todavía no había un arbusto del campo... y el Señor Dios aún no había hecho llover sobre la tierra".* En Jeremías 1:5, *"Te conocía aun antes de haberte formado en el vientre de tu madre; antes de que nacieras, te aparté y te nombré mi profeta a las naciones..."* es el mismo versículo que en Génesis 2:7.

Capítulo 3

19. Para una discusión sobre las otras posibles traducciones de Nephilim, véase Michael Heiser, el mito de que es una verdad, p. 85-94

20. Job 1:6–7

21. Job 2:1–2

22. Job 38:4–7

23. Heiser, Michael. (2006-2012). El mito que es una verdad, p. 96ff.

Capítulo 4

24. 2 de Pedro 2:4-5

25. Judas 5-7

26. Hay muchos escritores que hacen referencia al Libro de Enoc para apoyar la idea que los hijos de Dios son ángeles. He optado por no depender de ninguna fuente extra-bíblica.

Capítulo 5

27. Hay otras escrituras que usan la palabra elohim que puede estar haciendo referencia a los hijos justos de Dios: **Génesis 23:5–6**: - Escúchenos, señor —respondieron los hititas a Abraham—, usted es un príncipe de honor entre nosotros. Escoja la mejor de nuestras tumbas y entiérrela allí. Ninguno de nosotros se negará a ayudarle en ese sentido.

Éxodo 7:1: Entonces el Señor le dijo a Moisés: "Presta mucha atención a lo que voy a decir. Yo haré que para el faraón parezcas como Dios, y tu hermano, Aarón, será tu profeta".

Éxodo 9:28: Por favor, supliquen al Señor que ponga fin a este granizo y a estos truenos tan aterradores. ¡Basta ya! Los dejaré salir; no tienen que quedarse más tiempo.

Éxodo 21:5–6: Sin embargo, el esclavo puede declarar: "Yo amo a mi señor, a mi esposa y a mis hijos; no quiero ser libre". Si decide quedarse, el amo lo presentará delante de Dios. Luego el amo lo llevará a la puerta o al marco de la puerta y públicamente le perforará la oreja con un punzón. Después de esto, el esclavo servirá a su amo de por vida.

Éxodo 22:8: Pero si no se encuentra al ladrón, el vecino tendrá que presentarse ante Dios, y él determinará si el vecino es quien robó los bienes.

1 Samuel 4:7–8: entraron en pánico. "¡Los dioses han llegado a su campamento! —exclamaron—. ¡Esto es un desastre! ¡Nunca antes nos hemos enfrentado a algo así! ¡Socorro! ¿Quién podrá librarnos de los dioses poderosos de Israel? Son los mismos dioses que destruyeron a los egipcios con plagas cuando Israel estaba en el desierto.

Salmos 136:2: Den gracias al Dios de dioses. Su fiel amor perdura para siempre.

28. Diccionario Teológico del Nuevo Testamento 1964- (G. Kittel, G. W. Bromiley & G. Friedrich, Ed.) (electronic ed.). Grand Rapids, MI: Eerdmans.

29. Vea también Efesios 2:2, 'los hijos de desobediencia.'

30. Day, C. A. (2009). Diccionario Bíblico Collins. Bellingham, WA: Software Bíblico Logos.

31. Vea también: Éxodo 21:5-6, 22:8–11, 22:20, 23:13, 32:1; Deuteronomio 4:28– 29, 5:6–7, 6:14, 7:4, 8:19, 10:17–18, 13:2, 13:6, 13:13, 17:3, 28:14, 29:26, 30:17, 31:18–21, 32:17; Josué 24:2, 24:14–16; Jueces 2:12–13, 17, 19, 5:8, 6:31, 8:33, 10:13–14, 17:5–6; 1 de Samuel 14:15, 26:19, 28:13; 1 de Reyes 9:5–6, 11:3–4, 14:9, 18:27, 19:2, 20:10; 2 de Reyes 5:7, 17:7, 17:35–39, 19:18, 22:17; 1 de Crónicas 16:25; 2 de Crónicas 13:8–9, 25:14, 28:25, 34:24–25; Salmos 8:5, 82:1–7, 95:3, 96:4, 97:7–9; Isaías 41:23; Jeremías 1:16, 2:11, 7:6, 7:18–19, 11:10–12, 16:11–13, 19:4, 19:12–13, 22:9, 25:6–7, 32:29, 35:15–16, 44:3–8; Ezequiel 28:1–9; Oseas 3:1; Malaquías 2:15

Capítulo 6

32. Job 1:6

33. Wikipedia, Enciclopedia Gratis; http://en.wikipedia.org/wiki/Conspiracy_theory

34. Génesis 1:26-27

35. Heiser, Michael, entonces, ¿Qué es exactamente un Elohim? p. 4

36. Hebreos 12:9

37. Ídem, Michael Heiser, p.4

38. Jeremías 1.5

39. Génesis 3:6-7

40. Génesis 2:7

41. Otis, George Jr., (1997). El laberinto de Twilight (pp. 96-99). Grand Rapids, Michigan: Chosen Books.

42. Génesis 2:15

43. Génesis 2:9, 16-17; 3:1-6, 11-12

44. Génesis 3:9-10

45. Génesis 3:1-5

46. Génesis 3:19-20

47. Génesis 1:26-28

48. Otis, George Jr., El laberinto de Twilight, p. 105

49. Lucas 3:23-28

50. Génesis 3:14-15

51. 1 de Corintios 15:45-48

Capítulo 7

52. Génesis 6:5-7

53. Creation Tips; http://www.creationtips.com/flooddate.html

54. Génesis 6:8

55. Génesis 6:10

56. Lucas 3:23-38

57. Levítico 18:1-30

58. La longitud impía se presentó en el Volumen I y hablaremos de esto en los volúmenes siguientes de *Explorando los Lugares Celestiales*

59. Levítico 18:1-30

60. Génesis 3:15

61. Génesis 10:1-32

62. Hechos 2:1-41

63. Génesis 12:4-9

64. Génesis 12:11-15

65. Génesis 3:15

66. Génesis 12:17-19, 13:1-2

67. Génesis 14:1-2

68. Génesis 14:5

69. Entrenamiento Bíblico;
http://www.biblicaltraining.org/library/zuzim

Capítulo 8

70. Ezequiel 16:48-50

71. Génesis 13:12

72. Génesis 19:15-25

73. Génesis 19:30-33

74. Génesis 19:34-35

75. Wikipedia, Enciclopedia Gratis;
http://en.wikipedia.org/wiki/Moloch

76. Miqueas 6:7

77. Wikipedia, Enciclopedia Gratis;
http://en.wikipedia.org/wiki/Baal

78. Jeremías 19:4-5, 32:35

79. Deuteronomio 32:8

80. Levítico 18:1-30

81. Sigue al Rabino;
http://followtherabbi.com/guide/detail/fertility-cults-of-canaan

82. Yahoo! Respuestas;
https://answers.yahoo.com/question/index?qid=20100927181835
AAZ8I5O

83. Una explicación profunda de las puertas y portales se incluirá en el siguiente volumen de Explorando Los Lugares Celestiales

84. Salmo 24:6-8; Isaías 45:1-3

85. Génesis 22:15-17, 24:60, 28:10-17

86. Mateo 16:13-19

87. Deuteronomio 4:43, Josué 21:27

88. Génesis 14:5; Deuteronomio 3:13; Josué 12:4, 13:12

89. 2 de Samuel 5:20-22

90. http://www.abarim-publications.com/Meaning/Rephaim.html#.VCYGjlZycTs

Capítulo 9

91. Levítico 18:21, 20:2-5

92. 1 de Reyes 11:1-8, 12:31; 2 de Reyes 23:10

93. Génesis 10:6

94. Creation Ministries International;
http://creation.com/egyptian-history-and-the-biblical-record-a-perfect-match

95. Deuteronomio 32:8

96. Respuesta del libro;
http://answersfromthebook.org/2011/02/28/the-living-god-vs-the-gods of-egypt/

97. Salmos 106:19-23

98. Hechos 6:8

99. Hechos 7:1-53

100. Deuteronomio 4:19

101. Salmos 106:19-39

102. Números 13:27-33

103. Deuteronomio 9:1-3

104. Wikipedia, Enciclopedia Gratis; https://en.wikipedia.org/wiki/Death_of_Osama_bin_Laden

105. Deuteronomio 9:4-6

106. Wikipedia, Enciclopedia Gratis; http://en.wikipedia.org/wiki/Rudolf_Wanderone

107. Josué 5:13-15

108. Preguntas; http://www.ask.com/question/meaning-of-jericho

109. Días Antiguos; http://davelivingston.com/mooncity.htm

110. Josué 6:15, 12-20

111. Josué 6:21-23

112. Josué 7:2-4

113. Deuteronomio 27-28

114. Gálatas 6:2

115. Génesis 10:9-10

116. Wikipedia, Enciclopedia Gratis; http://en.wikipedia.org/wiki/Babylon

117. Génesis 11:28, 31

118. Easton, M. G., Diccionario de la Biblia de Easton

119. Los antiguos dioses y diosas de mesopotámica; http://oracc.museum.upenn.edu/amgg/listofdeities/nannasuen/index.html

120. Truth Magazine; http://www.truthmagazine.com/archives/volume20/GOT020218.html

121. Deuteronomio 4:19

122. Josué 6:18, 7:1

Capítulo 10

123. 1 de Samuel 17:1-11, 23

124. Génesis 6:1-4

125.http://www.abarim-publications.com/Meaning/Goliath.html#.VCiOHktycTs

126. Sid Roth's It's Supernatural; http://sidroth.org/articles/real-meaning-jerusalem-lane

127. Ídem.

128. Mateo 16:18

129. liftjesuscross; http://liftjesuscross.com/2012/02/05/golgotha-the-place-of-the-skull/

130. Diccionario en Línea Webster; http://www.webster-dictionary.org/definition/fractal

131. Fractal Foundation; http://fractalfoundation.org/resources/what-are-fractals/

132. 1 de Reyes 11:7

133. 2 de Reyes 18:10-12; Jeremías 25:9-12

134. Jeremías 3:6-15

135. 2 de Samuel 11:1-5

136. 1 de Reyes 11:1-11

137. 1 de Reyes 11:43

138. 1 de Reyes 12:20

139. 1 de Reyes 12:26-28

140. 1 de Reyes 12:29-31

141. Got Questions? org;
http://www.gotquestions.org/who-Baal.html

142. Jeremías 32:35

143. Bioscope;
http://bibloscope.com/content/kaleidoscopic-views/names-baal

144. 1 de Reyes 16:31

145. Ezequiel 28:11-13

146. 1 de Reyes 16:33, 17:1

147. Wikipedia, Enciclopedia Gratis;
http://en.wikipedia.org/wiki/Jezebel

148. 1 de Reyes 18:13-14

149. 1 de Reyes 18:21-40

150. 1 de Reyes 18:31-32, 38-39

151. 1 de Reyes 18:41-45; Lucas 4:25

152. Blog Spot;
http://gregboyd.blogspot.com/2008/06/boyd-and-heiser-dialogue-on-nephilim.html

153. Deuteronomio 32:7-8

154. Levítico 18:24-28

Capítulo 11

155. Isaías 14:9

156. Publicaciones Abarim; http://www.abarim-publications.com/Meaning/Rephaim.html#.VCiVK0tycTs

157. Job 26:5; Isaías 14:9; Salmos 88:10

158. Isaías 14:9-11

159. Wikipedia, Enciclopedia Gratis; http://en.wikipedia.org/wiki/Sheol

160. http://www.scribd.com/doc/68024391/Serpent-Seed-Dr-Michael-S-Heiser   p.6

161. Ídem., p 7

Capítulo 12

162. Romanos 8:19

163. Génesis 3:7-10

164. Concordia Strong 5206; http://www.lexiconcordance.com/greek/5206.html

165. Diccionario Griego-Inglés del Nuevo Testamento: Sobre la base de dominios semánticos. Nueva York, NY: Sociedades Bíblicas Unidas.

166. Juan 1:12

167. Lucas 3:38

168. Efesios 1:3; 2:6

169. Stott, John R., (1994) Romanos, Las Buenas Nuevas de Dios para el Mundo (238). Leicester, England; Downers Grove, IL: Inter Varsity Press.

170. Herramientas para el Estudio de la Biblia; http://www.biblestudytools.com/lexicons/greek/nas/

171. http://www.sonstoglory.com/spiritualadoption.htm

172. Ídem.

173. Ídem.

174. Mateo 3:16-17

175. Efesios 1:3-6

Capítulo 13

176. Wikipedia, Enciclopedia Gratis;
https://en.wikipedia.org/wiki/Hurricane_Iselle_(2014)

177. Nombre de Bebés;
http://www.babynamefacts.com/babynames/summary.php?name
=iselle#.VCievEtycTs

178. Wikipedia, Enciclopedia Gratis;
http://en.wikipedia.org/wiki/Aysel

179. Nombres para Nuestro Bebé;
http://www.ourbabynamer.com/meaning-of-Julio
http://www.gotquestions.org/seven-mountain-mandate.html

180. Johnny Enlow; http://rainbowgod.com/johnny-
elizabeth-enlow/

181. 1 de Reyes 17:17-22

182. 1 de Reyes 18:20-40).

183. Isaías 40:3-5, 57:14, 62:10

184. Malaquías 4:5-6

185. Lucas 1:17

Capítulo 14

186. Efesios 4:11-13

187. Estudio de las palabras en griego;
http://greekwordstudies.blogspot.com/2007/04/%20equip.html

188. Estudio de las palabras en Griego;
http://greekwordstudies.blogspot.com/2007/04/%20equip.html

189. Mateo 28:18-20

190. Diccionario Oxford;
http://www.oxforddictionaries.com/us/definition/american_englis
h/orphan?q=orphan+

191. Wikipedia, Diccionario Gratis;
http://en.wikipedia.org/wiki/Orphan

192. Mateo 3:17

193. Concordancia Bíblica Strong 2106;
http://www.lexiconcordance.com/greek/2106.html

194. Salmos 16:11

195. Romanos 8:15

196. Efesios 1:3

197. Hebreos 5:14; 1 de Corintios 1:17-18

198. Derek Prince;
https://www.google.com/webhp?sourceid=chrome-
instant&ion=1&espv=2&ie=UTF-8#q=derek%20prince

199. Garr, John D., (2003). Santuario Familiar: La
restauración de Inicio hebreo bíblico (39-43, 50-55). Golden Key
Press.

200. Ezequiel 5:1-17; Oseas 1:1-11

Capítulo 15

201. Génesis 14:18–20

202. Es interesante que hay nueve reyes mencionados en el
libro de Hebreos y Melquisedec es mencionado nueve veces.

203. Wikipedia, Enciclopedia Gratis;
http://en.wikipedia.org/wiki/Amraphel

204. Génesis 10:9. En Génesis 6:4 En esos días y durante algún tiempo después, vivían en la tierra gigantes nefelitas, pues siempre que los hijos de Dios tenían relaciones sexuales con las mujeres, ellas daban a luz hijos que luego se convirtieron en los héroes y en los famosos guerreros de la antigüedad.

205. Véanse los capítulos anteriores sobre el dios de la luna.

206. Wikipedia, Enciclopedia Gratis; http://en.wikipedia.org/wiki/Arioch

207. Elwell, W. A., & Comfort, P. W. (2001). Diccionario Bíblico Tyndale. Wheaton, IL: Tyndale House Publishers.

208. Wikipedia, Enciclopedia Gratis; https://en.wikipedia.org/wiki/Tidal_(king)

209. Strong, J. (2001). Enhanced Strong's Lexicon. Bellingham, WA: Logos Bible Software.

210. Easton, M. G. (1893). Diccionario Bíblico Easton. New York: Harper & Brothers.

211. Myers, A. C. (1987). Diccionario Bíblico the Eerdmans (943). Grand Rapids, MI: Eerdmans

212. Strong, J. (2001). Enhanced Strong's Lexicon. Bellingham, WA: Software Bíblico Logos

213. Strong, J. (2001). Enhanced Strong's Lexicon. Bellingham, WA: Software Bíblico Logos.

214. Génesis 14:4

215. Harris, R. L., Archer, G. L., Jr., & Waltke, B. K. (Eds.). (1999). Diccionario Teológico del Antiguo Testamento: Moody Press.

216. Véase capítulos anteriores sobre la unión entre Astarté, Baal y los hijos caídos de Dios.

217. Strong, J. (2001). Enhanced Strong's Lexicon. Bellingham, WA: Software Bíblico Logos.

218. Strong, J. (2001). Enhanced Strong's Lexicon. Bellingham, WA: Software Bíblico Logos.

219. Strong, J. (2001). Enhanced Strong's Lexicon. Bellingham, WA: Software Bíblico Logos.

220. Salem significa paz. A menudo se nos enseña que Melquisedec era el rey de un lugar llamado Salem, que ocasionalmente se convirtió en Jerusalén. Creo que la frase debe ser traducida como 'Rey de Paz'.

221. Salmos 110: 1-2,4

222. Juan 8:56

Capítulo 16

223. Boyd, Gregory. (1997). God at War (282). Leicester, England; Downers Grove, IL: Intervarsity Press.

Capítulo 20

224. Escrituras claves acerca de la oración: Job 38:33; Salmo 24, 110: 2; Proverbios 8; Isaías 28; Jeremías 2:13; Daniel 7, 9: 4-6, 11; Colosenses 2: 13, 14; Apocalipsis 11: 15-17, 12: 10-12

Apéndice

225. Estudio de las Señales y Maravillas /Restauración de la Creación: http://www.creationrestorations.com/index.html

jana@creationrestorations.com Email: jana@creationrestorations.com>

226. Larry & Jacqueline Pearson, Lion Sword Communications pearsons@lionsword.net y www.lionsword.ca

227. Key.bearer@hotmail.com

228. Dawn@newreflectionministries.org